Irgendetwas geht seinen Gang

Günther H. Botek:

1964 in Wien geboren; lebt, arbeitet und schreibt in der Nähe von Wien.

Günther H. Botek

Irgendetwas geht seinen Gang

**Eine philosophische Diskussion
im „Brights"-Internetforum über den
atheistischen Determinismus**

*Bibliografische Information der
Deutschen Nationalbibliothek:
Die Deutsche Nationalbibliothek verzeichnet diese
Publikation in der Deutschen Nationalbibliografie;
detaillierte bibliografische Daten sind im Internet
über http://dnb.dnb.de abrufbar.*

Illustration: Günther H. Botek

*Herstellung und Verlag:
BoD – Books on Demand, Norderstedt*

ISBN: 978-3-7386-2160-0

„Alle Zufälle werden von einer tief verborgenen Notwendigkeit umfasst."
Arthur Schopenhauer

Vorwort

Im Rahmen meiner Beschäftigung mit den Themen *Atheismus* und *Determinismus* bin ich auf die Bezeichnung „*Bright*" gestoßen. „*Ein Bright ist eine Person mit einem naturalistischen Weltbild. Das Weltbild eines Bright ist frei von übernatürlichen und mystischen Elementen.*" (siehe: *http://www.brights-deutschland.de/*)

Das vorliegende Buch enthält nach einer längeren Einleitung einen Teil der Diskussion im „*Brights*"-*Forum* mit dem Thema „*Harter atheistischer Determinismus*", die ich Ende des Jahres 2013 eröffnet habe und die bis zum September 2014 gedauert hat (*http://forum.brights-deutschland.de/viewtopic.php?f=5&t=4 512*). Leider wurde das Forum im September 2014 geschlossen und ist nur mehr als Archiv vorhanden.

Der Text in diesem Buch enthält nur meine eigenen geposteten Beiträge und deshalb nur einen Teil der gesamten sehr interessanten und umfangreichen Diskussion, die sich zum Großteil um die sehr spezielle theoretische Frage *Kompatibilismus* versus *Inkompatibilismus* gedreht hat. Diese philosophischen Fachbegriffe bezeichnen die jeweilige Position zur Frage eines möglichen „*Freien Willens*" in einer vollständig determinierten Welt. Einen sehr guten Überblick über diese Kontroverse bietet die Website *http://www.philosophiever staendlich.de/freiheit* von *Ansgar Beckermann*.

Für Kommentare, Anregungen, Kritik oder Feedback bin ich unter der Mailadresse *guenther@botek.at* gerne erreichbar.

Günther H. Botek, im Juli 2015

Einleitung

Irgendetwas geht seinen Gang – zugegeben ein ziemlich beliebiger, einfacher und ungenauer Satz, aber es gibt leider nichts Genaues und Passendes für das, was sich in der komplexen Lebenswelt um uns herum beobachten lässt. Wir Menschen haben uns zwar Begriffe einfallen lassen, wie Veränderung, Entwicklung, Naturverlauf, Evolution, Lebensprozess, (Kultur-) Geschichte, Zivilisation und andere, aber keiner trifft für mich den allgemeinen und allumfassenden Vorgang so genau, damit die ganze philosophische Tiefen- und Breitendimension erreicht wird, die ich ausdrücken will.

Meine Vermutungen zu dieser Beobachtung sind zusammengefasst folgende:

- *Dieses Irgendetwas ist vollkommen kausal geordnet und im Ablauf unausweichlich festgelegt.*
- *Dieses Irgendetwas beruht auf keinem Plan und keiner Absicht, hat keinen übergeordneten Zweck und kein endgültiges Ziel. Es hat keine tiefere Bedeutung und keinen höheren Sinn.*
- *Dieses Irgendetwas ist fast immer unberechenbar und unvorhersehbar – also für den Einzelnen manchmal neu und oft überraschend.*

In diesem Buch versuche ich, ohne die "Hypothese Gott" auszukommen. Der Mathematiker und Astronom *Pierre Simon Laplace* (1749 - 1827) antwortete nach einem Vortrag über Himmelsmechanik auf *Napoleons* Frage, wo denn in seinem Kosmos der Schöpfer bliebe: „*Sire, diese Hypothese benötige ich nicht.*" In diesem Sinne werde ich mein persönliches - zugegeben etwas negative - *"Glaubensbekenntnis"* gleich zu Beginn formulieren, weil dadurch von Anfang an mögliche Missverständnisse vermieden werden, die das Thema heraufbeschwören könnten.

Ich glaube an keinen *personalen Gott*, der Gebete erhört, hilft oder bestraft. Ich glaube an kein übernatürliches, intelligentes oder kreatives Wesen, das *allmächtig* und *allwissend* ist und in den Lauf der Geschichte eingreifen kann. Ich glaube an keine *Wunder*. Ich glaube an keinen *göttlichen Himmel* und keine *teuflische Hölle*. Ich glaube an kein absolutes *Gut* und *Böse* in der Natur. Ich glaube an keine *(Erb-)Schuld* und daher auch an keine *Erlösung*. Ich glaube an keinen vom Körper unabhängigen *Geist* und an keine losgelöste oder unsterbliche *Seele*. Ich glaube an kein Leben nach dem Tod, also an kein *Jenseits*. Ich glaube an kein *Karma* und auch an keine *Wiedergeburt*.

Das alles sind für mich menschliche Projektionen und Vorstellungen, religiöse Erfindungen und Konzepte, die vielleicht notwendigerweise vor tausenden Jahren entstanden sind und bis heute in unseren Kulturen und Traditionen überlebt haben. Ich glaube, dass es in der Natur mit rechten Dingen zugeht. Diese Einstellung nennt man *Naturalismus*, zu dem ich mich bekenne. Er sagt im Wesentlichen aus, dass es in der Welt ausschließlich *natürliche* Dinge und Eigenschaften gibt, die oft erforschbar sind. Dieses *Irgendetwas*, das seinen Gang geht, läuft also im Rahmen von Naturgesetzen ab, die offenbar erkennbar sind.

Pierre Simon Laplace hat 1814 in einem Vorwort seines Essays *Essai philosophique sur les probabilités* geschrieben:

„Wir müssen also den gegenwärtigen Zustand des Universums als Folge eines früheren Zustandes ansehen und als Ursache des Zustandes, der danach kommt. Eine Intelligenz, die in einem gegebenen Augenblick alle Kräfte kennt, die in der Welt wirken, und die gegenwärtige Lage der Gebilde, die sie zusammensetzen, und die überdies umfassend genug wäre, diese Kenntnisse der Analyse zu unterwerfen, würde in der gleichen Formel die Bewegungen der größten Himmelskörper und die des leichtesten Atoms berücksichtigen. Nichts wäre für sie ungewiss, Zukunft und Vergangenheit lägen klar vor ihren Augen."

Der gegenwärtige Zustand des Universums ist Folge eines früheren Zustandes und Ursache des Zustandes, der danach kommt. Soweit die richtige Darstellung eines konsequenten kausalen Denkens. Aber die Annahme einer *Intelligenz* (später auch *Laplacescher Dämon* genannt), die diesen Zustand des Universums detailliert kennen und analysieren könne, liegt für mich in einer naiven Überhöhung und Projektion der damaligen menschlichen Fähigkeit, mit Hilfe relativ einfacher mathematischer Gesetze die Himmelsmechanik sehr genau berechnen zu können. *Laplace* war sich dieser Überhöhung sicher bewusst, obwohl in seinen obigen Formulierungen ein unkritischer fortschrittsgläubiger Wissenschaftsoptimismus irgendwie mitschwingt.

Heute wissen die meisten Naturwissenschaftler: Die tatsächliche komplexe Lebenswirklichkeit ist ungeahnt facettenreicher und vielfältiger als die messbare und berechenbare Wirklichkeit der Physiker, die mit Hilfe von mathematischen Modellen versuchen, die Wirklichkeit so abzubilden, damit sie berechenbar wird.

Den damaligen Wissenschaftlern wie *Laplace* war offensichtlich noch nicht die hohe Komplexität des Weltgeschehens bewusst und sie kannten auch nicht die Erkenntnisse der *deterministischen Chaostheorie*, die erst in der zweiten Hälfte des 20. Jahrhunderts entdeckt wurden. Auch die *Evolutionstheorie* von *Charles Darwin* - 1859 veröffentlicht - sowie die modernen physikalischen Theorien wie *Relativitäts-* und *Quantentheorie* – Anfang des 20. Jh. veröffentlicht - konnte *Laplace* nicht kennen. Diese naturwissenschaftlichen Entdeckungen ermöglichen erst, ein Gefühl für Komplexität zu bekommen und zu erkennen, wie wenig in unserer Welt wirklich berechenbar ist.

Wer aber einmal das Gefühl für Komplexität geschärft hat, der erkennt sie überall: In der komplexen Natur und der dynamischen Gesellschaft - bei jedem bewussten Gedanken, bei jedem beobachteten Ereignis und bei jeder einzelnen Handlung im scheinbar trivialen Alltagsgeschehen.

Es gibt offensichtlich Naturgesetze und den Menschen, der diese Naturgesetze erkennen kann - mit Hilfe der Mathematik und der Sprache, mit der er Theorien und Hypothesen beschreiben, kritisieren und verwerfen kann. Warum passen die Naturgesetze so gut zum Universum? Weil das Universum offensichtlich eine mathematische Struktur hat. Menschen haben eine Sprache entwickelt, um sich auszudrücken und die Welt beschreiben, planen und erklären zu können. Menschen haben auch die Mathematik erfunden bzw. entdeckt und wenden diese an, um die komplexe Natur zu verstehen und innerhalb von relativ einfachen Modellen zu berechnen.

Wissenschaftliche Theorien und Hypothesen sind

immer nur vorläufig - werden aber mit der Zeit immer genauer und vollständiger - so die Hoffnung der Wissenschaftler. Gibt es in der Wissenschaft wirklich einen Fortschritt? Oder ist Wissenschaft auch „nur" ein menschliches „*Werkzeug*", um etwas Licht in das Dunkel der rätselhaften Welt zu bekommen?

Physikalische Theorien können zum Beispiel jederzeit in der Realität überprüft werden. Gravitation, elektromagnetische Kraft, schwache und starke atomare Wechselwirkung - die vier Grundkräfte der Physik, die man bislang entdeckt hat - können mit Hilfe der exakten Mathematik in wiederholbaren Experimenten und technischen Anwendungen belegt oder widerlegt werden. Computer, Smartphone, Mikrowelle, Fernseher, Raketen und Satelliten sind nur einige Beispiele der letzten Jahrzehnte. Solche technischen Anwendungen der Naturwissenschaften sind sehr komplizierte *Werkzeuge* – also Maschinen, Geräte, Apparate oder Hilfsmittel für einen bestimmten Zweck. Sie sind von kreativen und intelligenten Menschen erfunden, geplant, entworfen und gebaut worden.

Dieses Faktum wird manchmal dazu benutzt, um auch der Natur einen „*intelligenten Designer*" zu unterstellen. Das ist für mich aber eine unzulässige religiöse Projektion. Menschen nennt man kreativ und intelligent, wenn sie Dinge oder Werke schöpfen können. Der Schluss liegt nahe, dass die Welt als Ganzes auch von einem kreativen und intelligenten Designer "gemacht" wurde. Aber dieser Schluss ist als naive und unzulässige Projektion leicht durchschaubar. Auch in der Alltagssprache benutzen wir noch die Wörter *Geschöpfe* und *Kreaturen* für Tiere. Aber alle Lebewesen - auch Menschen - und Pflanzen sind *dynamische kom-*

plexe Systeme, also irgendwie *abstrakte Strukturen*, die im Laufe der Evolution in Jahrmillionen Schritt für Schritt entstanden sind. Sie können nicht, um es überspitzt zu formulieren, an einem „göttlichen Reißbrett" entworfen oder mit einer überirdischen „CAD (Computer Aided Design)-Software" konstruiert werden. Das ist ein Trugschluss mancher Theologen, die hinter jedem natürlichen Phänomen einen Schöpfer vermuten.

Wäre ein *personaler Gott* der Schöpfer des Universums, dann hätte er unmöglich den Menschen vorhersagen können, weil man komplexe dynamische Systeme prinzipiell nicht berechnen und vorhersagen kann. Man könnte nun einwenden, dass Gott es nicht nötig hat, Berechnungen und Vorhersagen zu machen, weil das nur Menschen tun. Dann wäre aber jede Religion erst recht überflüssig, weil sich ein solcher Schöpfergott höchstens von seinem "Werk" überraschen lassen könnte. Aber auch das sind schon wieder Projektionen menschlicher Eigenschaften und Handlungen in einen *personalen Gott*. Und im übrigen will ich auf dieser anthropozentrischen Ebene nicht argumentieren, weil solche Diskussionen meiner Meinung nach immer in die Irre führen und nichts bringen.

Das Universum hat keinen erkennbaren höheren Sinn - es ist einfach in seiner überwältigenden Größe und unvorstellbaren Ausdehnung da. Die Evolution auf dem Planeten Erde – und vielleicht auch auf unzählbar vielen anderen Planeten im Universum - hat vermutlich auch keinen höheren Sinn - sie geht einfach ungeplant ihren natürlichen Lauf. Der Mensch ist nur eine relativ kurze Zeitspanne da und existiert - einfach so. Und diese menschliche Existenz ist oft erstaunlich und faszinierend, manchmal merkwürdig und erschreckend - jedenfalls letztendlich absurd im Sinne von *Albert Camus: „Das Absurde hat nur insofern einen Sinn, als man sich nicht mit ihm abfindet.“*

Thema: Harter atheistischer Determinismus

Beitrag gepostet: Di, 31.12.2013 19:05

Hallo,

ich frage mich, ob nicht trotz Quantentheorie (die ich nicht wirklich "verstehe" – zB den **objektiven Zufall**) ein **harter atheistischer Determinismus** auch im 21. Jh. eine plausible philosophische Weltanschauung ist.

Meine Vermutung ist folgende:
Die komplexe dynamische Lebenswelt, die wir um uns beobachten können, ist kausal geordnet und vollkommen festgelegt. Alles ist Folge von Vorangegangenem. Jedes einzelne Ereignis in der Lebenswelt hat also natürliche Ursachen, Vorbedingungen und eine Vorgeschichte, die für uns zugänglich und erforschbar ist. Es gibt in unserer Umwelt nur unausweichliche Ursache-Wirkungs-Zusammenhänge. In jedem einzelnen Moment ist uns nur ein verschwindend kleiner Ausschnitt dieser Kausalketten bewusst. Dazu kommen die unzähligen komplexen Wechselwirkungen und dynamischen Regelkreise in der Natur, die ein Erkennen des kompromisslosen strengen Determinismus erschweren.

Die Welt erscheint deshalb offen und „zufällig", weil wir die zahllosen komplexen natürlichen Wirkzusammenhänge nicht überblicken und nicht durchschauen können. Die scheinbare Offenheit der Welt ist meiner Ansicht nach eine Illusion, die wir Menschen uns machen, weil wir die Komplexität der Welt ausblenden. Dieses selektive Ausblenden der Komplexität ist aber notwendig, um sich überhaupt in der Welt orientieren zu können. Wir wären einfach überfordert, wenn wir ständig die komplizierten Zusammenhänge und die unzähligen miteinander verflochtenen Ursachen, Vorbedingungen, Vorgeschichten und Kausalketten in der natürlichen, kulturellen und technischen Umgebung bei unseren Entscheidungen und Handlungen bewusst berücksichtigen müssten.

Eine weitere Vermutung ist:
Die Evolution dieser komplexen dynamischen Lebenswelt beruht auf keinem Plan und keiner Absicht, hat keinen übergeordneten Zweck und kein endgültiges Ziel. Sie hat keine tiefere Bedeutung und keinen höheren Sinn. Sie läuft einfach determiniert ab. Gleichzeitig, unausweichlich und überall auf dem Planeten Erde.

Und meine letzte Vermutung:
Dieser komplexe dynamische Lebensprozess ist fast immer unberechenbar und unvorhersehbar – also für den Einzelnen neu und oft überraschend. Diese Vermutung der Unberechenbarkeit und Unvorhersehbarkeit schließt jede Art von Fatalismus und Prädestination aus. Die Determiniertheit der Lebenswelt heißt nicht, dass unser Schicksal von irgendjemand oder irgendetwas irgendwie vorprogrammiert wurde.

Mich würde interessieren, ob diese Art von deterministischer Weltsicht hier irgendwer teilt und wenn nicht, warum er es nicht tut.

Beitrag gepostet: Mi, 1.1.2014, 15:07

Vollbreit hat geschrieben:
> Willkommen im Forum und frohes neues Jahr.

Danke – ich wünsche dir/euch auch ein schönes neues Jahr.

> Was Du hier beschreibst sind glaube ich ohnehin die
> impliziten Hintergrundannahmen gegenwärtig prak-
> tizierter Wissenschaft – Quantenphysik mal ausge-
> blendet.

Ja, dass ein konsequentes Kausalitätsdenken die Voraussetzung für jede Art von Wissenschaft ist, nehme ich auch stark an. Deswegen verstehe ich die Quantentheorie auch nicht wirklich, weil da ein *"objektiver Zufall"* postuliert wird, der in einem streng deterministischen Weltbild keinen Platz hat. Ich glaube an keinen "Zufall" und kann mir unter ihm nichts vorstellen. Er erklärt auch meiner Ansicht nach nichts. Für mich ist der "Zufall" ein noch wenig verstandenes Naturphänomen.

>> Eine weitere Vermutung ist:
>> Die Evolution dieser komplexen dynamischen Le-
>> benswelt beruht auf keinem Plan und keiner Ab-
>> sicht, hat keinen übergeordneten Zweck und kein
>> endgültiges Ziel. Sie hat keine tiefere Bedeutung
>> und keinen höheren Sinn. Sie läuft einfach de-
>> terminiert ab. Gleichzeitig, unausweichlich und
>> überall auf dem Planeten Erde.
>
> Schwierig, weil das mehrere Fäden verknüpft. Zum
> einen die Frage nach Notwendigkeit – und was das
> überhaupt ist – und einem freien Fließen zufälliger
> Abläufe, die zwar determiniert sind, aber letztlich
> einfach so passieren.
> Du musst Dich vermutlich entscheiden, ob hinter
> dem Zufall doch ein echtes Muster steht oder ob
> tatsächlich alles kontingent (zufällig) in dem Sinne
> ist, dass es im Grunde auch ganz anders hätte
> kommen können. Dann gibt es regelmäßig sich wie-
> derholende Muster, aber ohne tiefere Notwendig-
> keit.

Ich "glaube" an solche abstrakten Muster, die sich notwendig, geordnet und regelmäßig in der komplexen dynamischen Lebenswelt entwickeln. Woran ich nicht glauben kann, ist, dass in diesem Prozess irgendwo ein "Zufall" das Sagen hat.

> Determinismus könnte mit Fatalismus einhergehen,

18

> muss aber nicht. Eine Prädestination könnte „gött-
> lich" oder supernaturalistisch gedacht werden, muss
> aber nicht, nämlich dann, wenn es naturgesetzlich
> festgezurrte Abläufe gibt, nach denen im Grunde
> mit dem Urknall alles weitere bereits feststeht.
> Es kann auch sein, dass alles feststeht und so kom-
> men wird, wie es kommt, ohne, dass dies notwendi-
> gerweise geschieht, dann nämlich, wenn die Abläufe
> in der Natur laufen, wie sie nun mal laufen – und
> Regelmäßigkeiten oder Regularitäten aufweisen –,
> ohne, dass sie notwendigerweise so laufen mussten,
> es hätte auch alles ganz anders ablaufen können,
> das wäre Determinismus ohne Notwendigkeit.

Der atheistische Determinismus, den ich hier vertrete,
darf nicht mit Fatalismus, göttlicher Vorsehung und
Fügung verwechselt werden, weil diese immer religiös
motiviert sind. Es gibt für mich eben keine Instanz, ob
Gottheit, Dämon oder eine andere Schicksalsmacht,
die irgendwie in den Lebensprozess eingreifen könnte
oder die diesen Lauf der Dinge absichtsvoll geplant,
kontrolliert oder in Gang gesetzt hat. Wenn überhaupt,
dann haben abstrakte Naturgesetze die „Macht" – besser die wertneutrale Möglichkeit, diesen Prozess in
Gang zu setzen und den Verlauf zu steuern. Der
Mensch, selbst Naturgesetzen unterworfen und untrennbarer Teil der Natur, kann die Naturgesetze nicht
außer Kraft setzen und ist deshalb stets dieser natürlichen „Macht" unterlegen.

> Ich habe mich da nicht so tief reingekniet, weil für
> mich die Positionen verschwimmen (aber vielleicht
> erscheint mir das auch nur so, weil ich mich nicht
> genug reinknie) und am Ende die Frage nach dem
> was theoretisch denkbar wäre, m.E. wenig Erkennt-
> nisse darüber vermittelt, was tatsächlich der Fall ist.

Für mich ist die Determinismusfrage sehr spannend
und interessant, obwohl mir bewusst ist, dass sie – radikal zu Ende gedacht – keine praktischen Erkenntnis-

se vermitteln und auch zu keinen Konsequenzen führen kann. Das hat damit zu tun, das "wir" untrennbare
Teile dieses determinierten Prozesses sind und deswegen jede Erkenntnis/Konsequenz auch schon determiniert sein müsste.

Egal, welche Gedanken wir uns machen, sie sind alle
Ergebnis aus unseren bisherigen Gedanken, Eindrük-
ken, Erlebnissen, Erfahrungen, Gesprächen und un-
zähliger anderer Einflussfaktoren. Der gesamte Lebensprozess ist unausweichlich festgelegt, weil alles
Geschehen der Kausalität unterliegt. Auch diese Zeilen, die ich hier schreibe, sind Ergebnis einer langen
Kausalkette. Alles, was ich jemals gehört, gelesen und
gedacht habe, fließt in die Formulierung von diesen
Sätzen. Und die Leser oder Leserinnen hier können
auch nicht anders als diese Zeilen jetzt in diesem Augenblick zu lesen, darüber vielleicht nachzudenken,
die Inhalte zu übernehmen oder zu kritisieren. Auch
das ist bereits unausweichlich festgelegt – so meine
Vermutung.

Beitrag gepostet: Mi, 1.1.2014, 15:39

Darth Nefarius hat geschrieben:
> Man kann nicht alles berücksichtigen, aber dennoch
> durch Anstrengung genug erfassen, um Entwicklun-
> gen vorherzusehen (mit einer guten Trefferquote).
> Intelligente Wesen antizipieren ständig und machen
> sich so die Kausalität zunutze. Der Lebensprozess
> ist also durchaus bis zu einem gewissen Grad bere-
> chenbar und vorhersehbar – abhängig davon, wie-
> viel man berücksichtigt. Das tun Naturwissenschaft-
> ler ständig und haben auch relativ viel Erfolg damit.

Da bin ich nicht so optimistisch. Nach der "Theorie
komplexer Systeme" (früher "Chaostheorie") können
wir bei komplexen dynamischen Systemen prinzipiell
nicht exakt die Anfangsbedingungen kennen, um dar-

aus etwas sicher zu prognostizieren oder vorherzusehen. Das geht bei solchen Systemen nur annäherungsweise und sehr kurzfristig (zB Wetterprognose, die nur grob eine Woche gilt).

> Interessant ist, was sich aus dieser Anschauung er-
> gibt – ist Freiheit nicht auch eine Illusion? Das ist
> nicht nur eine erkenntnistheoretische, sondern auch
> eine gesellschaftliche Frage, was dadurch zu weite-
> ren Fragen über politische Systeme, die diese allge-
> meine und undefinierte Freiheit anstreben. Konse-
> quent ist natürlich – sofern man vom harten Deter-
> minismus ausgeht – Freiheit als Illusion zu betrach-
> ten. Wie viele andere Illusionen ist die Idee der Frei-
> heit nicht ein Resultat aus Beobachtung, Vernunft
> und Logik, sondern das Ergebnis von Wunschdenken
> (die ultimative eierlegende Wollmilchsau ist in die-
> sem Zusammenhang eine Gottheit) und der Unfä-
> higkeit mit der Realität umgehen zu können.

Ja, jeder kennt das Gefühl von "Freiheit" – obwohl es vielleicht nur eine Illusion ist. Das gehört für mich mit zu den Paradoxa, die sich aus einem harten Determinismus ergeben. Radikal zu Ende gedacht, folgen aus dem strengen kausalen Determinismus einige sonderbare Erkenntnisse. Wir können uns beim Leben wach, distanziert und reflektiert zuschauen. Klingt seltsam – ist es auch. Wir können gar nicht anders als einfach zu leben. Auch wenn ich mir den Determinismus wirklich bewusst machen will, ändert diese Einsicht nichts an meinem weiteren Leben. Und wenn, dann ist diese Änderung auch schon längst unausweichlich festgelegt, so meine Vermutung.
Wie lebt man als menschliches Wesen mit der Erkenntnis, dass die Lebenswelt unausweichlich festgelegt ist? Es gibt offensichtlich eine paradoxe Doppelnatur des Bewusstseins. Einerseits erlebe ich mich in der Lebenswelt als individuelles <u>freies</u> **„Teilchen"**, das bewusst fühlt, denkt, handelt und beobachtet. Andererseits habe ich oft das Gefühl oder die Ahnung einer

<u>deterministischen Einheit der gesamten Natur</u>, in der alles ein abstraktes, zusammenhängendes, sich dynamisch veränderndes komplexes „**Muster**" ist. Dieses Gefühl hat für mich aber nichts mit einem religiösen Glauben zu tun.

Beitrag gepostet: Mi, 1.1.2014, 16:36

Vollbreit hat geschrieben:
> Womit wir schon wieder bei einer Glaubensfrage wä-
> ren.

Ja, an den harten/strengen Determinismus ohne "Zufall" kann man glauben – oder auch nicht.

> Die aktuelle Lösung sieht derzeit so aus, dass die
> Quanteneffekte offenbar als räumlich begrenzt an-
> gesehen werden, so dass es zwar aufgeht, dass es
> kein relativistisches Universum gibt, was sich als
> mesokosmischer Effekt aber sofort verliert, weil sie
> statistischen Näherungen exakt und verlässlich ge-
> nug sind, um weiter klassisch kausal zu denken und
> zu argumentieren.

Manche sprechen hier von einem stochastischen Determinismus, der in der mesokosmischen Lebenswelt trotz Quantentheorie gültig ist.

> Es spricht aber nichts dagegen, dass ein determi-
> nierter Teil nicht umfassende Erkenntnisse haben
> könnte.
> Determiniert zu sein, heißt ja nicht blöd zu sein.

Meinst du damit so eine Art "Laplaceschen Dämon" oder einen Menschen, der umfassende Erkenntnisse haben könnte?

>> Egal, welche Gedanken wir uns machen, sie sind
>> alle Ergebnis aus unseren bisherigen Gedanken,

22

>> Eindrücken, Erlebnissen, Erfahrungen, Gesprächen
>> und unzähliger anderer Einflussfaktoren.
>
> Aber Du hast die Möglichkeit zu Reflexionen. Warum
> denke ich eigentlich, was ich denke? Muss ich so
> denken? Gibt es prinzipiellen Denkgrenzen? Wer
> sagt, dass das „Ganze" (sofern es das gibt) über-
> haupt denkend zu erfassen ist oder denkend erfasst
> werden müsste?

Reflexionen gehören für mich auch zum Denken ganz
allgemein. Und solche Denkprozesse sind für mich
neurobiologisch im Gehirn kodiert und unterliegen
den gleichen (determinierenden) Naturgesetzen wie
alles andere auch.

>> Der gesamte Lebensprozess ist unausweichlich
>> festgelegt, weil alles Geschehen der Kausalität
>> unterliegt.
>
> Das weiß kein Mensch – viele halten Kausalität für
> einen plausiblen Irrtum.

Mag sein. Ich maße mir nicht an, hier die endgültige
Antwort gefunden zu haben.

>> Auch diese Zeilen, die ich hier schreibe, sind Er-
>> gebnis einer langen Kausalkette. Alles, was ich je-
>> mals gehört, gelesen und gedacht habe, fließt in
>> die Formulierung von diesen Sätzen.
>
> Und das kreative Element?

Ja, Kreativität ist in der Tat etwas, das ich in mein deterministisches Denken noch nicht ganz integriert habe. Wie kommt das "Neue" in die Welt? Kann es sein,
dass das "kreative Element" auf Grund der Komplexität
des Gehirns einfach entsteht? Möglich wäre es, denk
ich.

Beitrag gepostet: Mi, 1.1.2014, 17:10

Darth Nefarius hat geschrieben:
> Es ist auch gar nicht nötig, etwas <u>exakt</u> zu beschrei-
> ben, um eine begründete Theorie aufzustellen, die
> allgemein anerkannt wird. Deswegen gibt es Stati-
> stiker, die deine Ergebnisse permanent überprüfen –
> Messfehler, Abweichungen gibt es immer und die
> werden auch geduldet. Naturwissenschaftler sind
> keine Philosophen, sondern Pragmatiker und haben
> damit Erfolg und sagen sich nicht "verdammt, dieses
> Modell/diese Untersuchungsmethode ist wertlos, da
> es nur zu 99,999999 % zutreffend ist". Das ist nicht
> Optimismus, sondern Pragmatismus.

Ich verstehe, was du meinst. Aber ich meinte den so
genannten "Schmetterlingseffekt" bei nicht-linearen
komplexen Systemen. Der besagt, dass schon bei mi-
nimalsten kleinen Abweichungen in den Anfangsbedingungen unvoraussagbare große Effekte auftreten
können. Das gilt schon bei relativ einfachen komplexen Systemen.

>> Auch wenn ich mir den Determinismus wirklich
>> bewusst machen will, ändert diese Einsicht nichts
>> an meinem weiteren Leben. Und wenn, dann ist
>> diese Änderung auch schon längst unausweichlich
>> festgelegt, so meine Vermutung.
>
> Was meinst du mit "bewusst-machen"? So wie ich
> das sehe, kann man kaum mehr Determinist sein als
> du: Du verstehst die Theorie, du hast die entspre-
> chenden Schlussfolgerungen und nimmst sie an,
> hast sie in Worte gekleidet – ein "bewusst-machen"
> im Sinne von "fühlen" ist wohl nur Gemütern ver-
> gönnt, die ihre Wahrheiten nach Befinden wählen
> und nicht nach Denken.

24

Ich meine mit "bewusst-machen" nicht "fühlen", sondern ein ständiges reflektiertes Denken – nicht nur in
Diskussionen, sondern auch im Alltag in jedem Moment. Wer das eine Zeit lang versucht, der kommt zu
der oben beschriebenen Einsicht, dass der konsequen-
te Determinismus nichts am Leben ändert. Es gibt
auch keine wirklich praktischen Konsequenzen daraus,
außer vielleicht die alte problematische Frage nach der
"Schuld" im individuellen Leben, die es meiner Ansicht
nach nicht geben kann, wenn alles determiniert ist –
also auch das eigene Denken und Handeln.

Beitrag gepostet: Mi, 1.1.2014, 21:35

Darth Nefarius hat geschrieben:
> ...Wie gesagt, man "hofft" auf sein Glück, tut jedoch
> sein Bestes, um es zu begünstigen. Mehr geht nicht
> und ich finde, dass es doch ausreicht, um hand-
> lungsfähig zu bleiben – denn durch die Unwägbar-
> keiten gleich zu resignieren scheint mir auch keine
> Alternative zu sein.

Nein, ich resigniere nicht, sondern stelle nur fest, dass
es (dynamische und komplexe) Systeme gibt, wo es
prinzipiell (theoretisch) und praktisch unmöglich ist,
mathematische Modelle zu erstellen und eine sinnvolle
Datenbasis zu generieren. Um beim Beispiel "Wetter"
zu bleiben: Es ist sinnlos, noch mehr Messstationen
aufzustellen, weil die Prognose deshalb nicht langfri-
stiger werden kann. Beim "System Mensch" und den
menschlichen "Großsystemen" wie Politik, Wirtschaft
und Technik ist es geradezu aussichtslos, irgendetwas
mittel- bis langfristig auf Grund von mathematischen
Berechnungen vorhersagen zu wollen. Das geht einfach nicht – hat aber nichts mit Resignation zu tun.

> Natürlich beeinflusst aber auch diese Philosophie
> wie jede andere dein Leben – von hartem Determi-
> nismus auszugehen, bedeutet auch an alltägliche

> Situationen doch mit einem anderen Blick
> heranzutreten:...

Ja, wobei der "andere Blick" auch wieder determiniert
ist auf Grund der eigenen Lebensgeschichte, die ja
auch eine lange unüberschaubare Kausalkette ist. Es
gibt für jede bewusste Entscheidung, ob richtig/falsch,
gut/böse oder moralisch/unmoralisch, bestimmte Beweggründe, also Motive, Wünsche, Überzeugungen,
Neigungen und Umstände, die alle natürlichen Gesetzen gehorchen – auch wenn wir scheinbar inne halten,
wohl überlegt beurteilen, reflektieren und abwägen vor
einer Entscheidung. Denn auch bewusste Gedanken,
Überlegungen und Reflexionen spielen sich nicht irgendwo im luftleeren Raum ab, sondern sind im Gehirn neurobiologisch kodiert und festgelegt durch unzählige Einflussfaktoren: Gene, frühkindliche Prägung,
Erziehung, Ausbildung, Charakter, Gedächtnis, Unbewusstes, soziales Umfeld, kulturelle Normen, Traditionen, Gespräche, Diskussionen, Medienkonsum und
viele andere.
Daraus folgt für mich, dass es keinen freien Willen geben kann, weil jeder Mensch untrennbarer Teil der determinierten Welt ist und nicht außerhalb stehen kann.

> Die Frage nach der Schuld wirft da ein besonderes
> Kapitel auf, welches auch stark den Alltag beein-
> flusst: Ethik und Moral. Jedes dieser Konzepte setzt
> den freien Willen voraus, aber existiert dieser, wenn
> alles determiniert ist? Sind Ethik und Moral nicht
> auch Illusionen, wenn diese eine Prämisse nicht exi-
> stiert?

Ja, Ethik und Moral sind stark abhängig von der eigenen Lebensgeschichte (wie oben beschrieben). Manche
Menschen beschäftigen sich in ihrem Leben mit ethischen Fragen und bemühen sich danach zu handeln,
weil das durch unzählige Einflussfaktoren eben in ihrer
Lebensgeschichte festgelegt ist. Manche tun das nicht.
In letzter Konsequenz kann keiner etwas dafür, wie er

lebt, denkt, fühlt und handelt.

Das gilt natürlich folgerichtig auch für Mörder, Vergewaltiger, Diebe, Einbrecher, Betrüger, Erpresser, Entführer und andere Straftäter. Wie geht man am besten mit diesen Menschen in der Gesellschaft um? Die einzige Lösung kann nur sein, dass man die Mitglieder einer Gesellschaft vor diesen Straftätern schützt, weil selbstverständlich keiner ermordet, vergewaltigt, bestohlen, betrogen, erpresst oder entführt werden will. Gefängnis und Therapie für den Straftäter sind die naheliegende „Strafe". Aber auf keinen Fall dürfen sie „schuldig" gesprochen werden im herkömmlichen moralischen Sinn, weil sie im Moment der Straftat nicht frei entscheiden konnten, sondern von unzähligen Einflussfaktoren determiniert waren und ihre Lebensgeschichte eine lange Kausalkette ist, die genau zu einem bestimmten Zeitpunkt zur Straftat geführt hat. Sie können daher nicht moralisch verantwortlich gemacht werden für ihre Tat. Die gesellschaftliche Verantwortung bleibt allerdings, weil es <u>gemeinsam</u> geschaffene ethische Regeln und Gesetze geben muss, die ein gutes und friedvolles Zusammenleben zwischen den Mitgliedern einer Gesellschaft ermöglichen sollen.

Beitrag gepostet: Mi, 1.1.2014, 22:05

ujmp hat geschrieben:
> Eine Alternative wären Karl Poppers "Propensitäten",
> eine Idee die er in "Eine Welt der Propensitäten"
> leicht verdaulich darstellt. Das ist so eine Art Inde-
> terminsimus.

Ich kenne *Karl Popper* ein wenig und bin mit dem Großteil seiner Theorien vertraut. Nur in dieser Angelegenheit bin ich anderer Ansicht. Er hat zwar den <u>wissenschaftlichen</u> Determinismus zu Recht widerlegt, der besagt, dass es einen *"Laplaceschen Dämon"* geben kann. Aber ich trete für einen <u>philosophischen</u> Determinismus ein, den man zwar nicht beweisen/widerlegen kann, aber der für mich plausibel ist, wenn man die Kausalität ernst nimmt.

> ...Wenn ich es korrekt erinnere, war das Poppers Lö-
> sungsvorschlag für einige quantenmechanische Ef-
> fekte, die sich ansonsten nur noch in Begriffen der
> Statistik beschreiben lassen. Er weicht damit ir-
> gendwie der deterministischen Frage nach dem
> "Warum" aus und begnügt sich damit, Fragen zu be-
> antworten "wie" etwas ist.

Ich halte sehr viel von *Karl Popper* (er war einer der ersten Philosophen, mit denen ich mich näher beschäftigte und erlebte ihn sogar noch live in Wien bei einem
Symposium) – stehe aber dem Determinismus näher
als dem Indeterminismus. Nur der quantenmechani-
sche „objektive Zufall" weicht meinen harten Determinismus etwas auf...

Beitrag gepostet: Do, 2.1.2014, 11:03

Darth Nefarius hat geschrieben:
> In den Naturwissenschaften gibt es praktisch und
> theoretisch mathematische Modelle, die eine sinn-
> volle Datenbasis generieren, auch wenn sie stets
> verfeinert werden und auch von den Messgeräten
> abhängen. ... Es ist also sehr wohl möglich, mathe-
> matische Modelle zu erstellen, die eine sinnvolle
> Datenbasis generieren (auch wenn sie nicht unbe-
> dingt exakt sind).

Okay, stimme zu. Die naturwissenschaftliche Methode
ist die beste Methode, die wir haben, um neue Erkenntnisse zu gewinnen.

> Die Bestrafung der Verbrecher ist jedoch ein Han-
> deln aus Eigennutz, aus dem Verlangen, sich zu
> schützen oder Verbrecher zu bestrafen- das scheint

> mir keine moralische Motivation zu sein. Notwendig
> und angebracht ist eine gesellschaftliche Ordnung
> allemal, sie erfolgt jedoch nur aufgrund von Nütz-
> lichkeitserwägungen des Kollektivs und/oder des
> Individuums –

Ja, das wollte ich ausdrücken. Eigennutzdenken ist ein
sehr starker Antrieb für unser individuelles/kollektives
Handeln und wird sehr oft unterschätzt. Wir können
gar nicht anders, als so zu handeln, weil wir diese
Verhaltensmuster evolutionsbiologisch mitbekommen
haben. Andererseits haben wir auch so Fähigkeiten wie
Empathie entwickelt, die das Zusammenleben in Gruppen bereichern können. Manche Menschen können aus
sehr starken Motiven heraus ihren natürlichen Egois-
mus irgendwie überwinden. Aber auch diese Motive
sind aus ihrer determinierten Lebensgeschichte ver-
ständlich und erklärbar.

> Fakt ist, dass die meisten nicht ihre Gesetzestreue
> aufgrund ihrer Moral und Ethik befolgen, sondern
> einfach nicht die Strafe für Zuwiderhandlung
> provozieren wollen, oder keine Motivation zum Ge-
> setzesbruch haben. Diejenigen, die tun wollen, was
> dem Gesetz widerspricht, tun es auch mit der Über-
> höhung durch Moral und Ethik, diejenigen, die
> harmlos sind, werden nicht dadurch schädlich, dass
> Gesetze und Regeln als das bezeichnet werden, was
> sie sind: Vorschläge.

Ja, stimme zu – wobei die Gesetze und Regeln – also
diese Vorschläge – immer wieder neu verhandelt werden (müssen).

Beitrag gepostet: Do, 2.1.2014, 12:00

Dissidenkt hat geschrieben:
> Aus der Erkenntnis, dass unsere Existenz determi-
> niert ist, kann man nicht ableiten, dass diese Exi-

> stenz keinen höheren Sinn hat, dass ihr kein Plan
> zugrunde liegt oder dass sie nicht auf ein Ziel hin-
> aus läuft. Ich denke du kommst zu deiner Ansicht,
> weil du die Existenz eines Schöpfers ausschliessen
> möchtest, dadurch beschränkst du dich aber in dei-
> ner gedanklichen Freiheit, denn Sinn oder "Plan"
> kann es auch ohne einen Schöpfer hinter den Din-
> gen geben.

Nur individuelle Menschen und Gruppen von Menschen – und andere höhere Lebewesen – haben Pläne,
Absichten, Ziele und machen Fortschritte – und pro-
duzieren Dinge, die für sie einen Zweck oder Sinn haben. Wir sind in unserem Alltag umgeben mit Dingen,
die alle einen Zweck und meist auch einen Sinn haben.
Ich wohne zum Beispiel in einem Haus, trage Kleidung,
sitze auf einem Stuhl, schreibe auf einem Computer,
telefoniere mit einem Handy und fahre mit einem
Fahrrad, Zug oder Auto. Die Natur selbst haben wir in
dicht besiedelten Gebieten für unsere Zwecke nutzbar
gemacht. Wir legen Äcker, Parks und Gärten an. Einige
Gebiete erklären wir zu schützenswerten Erholungsge-
bieten und Naturdenkmälern. Andere Gebiete beuten
wir aus. Alles Dinge, die von Menschen gemacht werden für einen bestimmten Zweck. Das ist offensichtlich
– ja fast trivial.
Dieses menschliche Zweckdenken verleitet aber viele
dazu, auch diesem determinierten Lebensprozess, also
der Evolution oder der Welt als Ganzes einen Zweck zu
unterstellen. Das geht meiner Ansicht nach zu weit.
Ein Haus wird vor dem Bau geplant, Kleidung mit der
Absicht hergestellt, uns zu schützen, zu wärmen oder
zu schmücken. Ein Stuhl wird mit dem Ziel produziert,
darauf bequem sitzen zu können. Computer, Handy,
Fahrrad, Zug und Auto sind Produkte des technischen
Fortschritts. Diese Beispiele zeigen, dass wir von Plä-
nen, Absichten, Zielen und Fortschritt umgeben sind.
Die absichtliche Planung mit dem Ziel eines Fortschritts in einer Sache ist uns seit sehr langer Zeit so
vertraut, dass es nahe liegt, dass auch die Evolution

als Ganzes so vorgeht. Dabei ist es nur der Mensch, der in seiner langen Entwicklungsgeschichte gelernt hat, Werkzeuge und Dinge herzustellen, die ihm nützen.

Es gibt in der Evolution aber sehr wahrscheinlich keinen Plan, keine Absicht, kein Ziel und keinen Fortschritt. Das ist zugegeben schwer zu verstehen, weil es unserem alltäglichen praktischen Denken widerspricht. Wir hätten als Mensch gerne einen übergeordneten Zweck. Wir sehen uns als hoch entwickeltes Lebewesen gerne als endgültiges Ziel der Evolution. Wir wünschen uns vielleicht, dass wir geplant wurden mit der Absicht, die Krone der Schöpfung zu sein. Der Mensch ist aber nicht die Krone der Schöpfung oder das Endprodukt der Evolution. Der Mensch ist auch nicht das Maß aller Dinge. Der Mensch wird wahrscheinlich als biologische Art genauso aussterben wie Millionen Arten vor ihm. Der Mensch ist auf dem Planeten Erde ein Teil der Evolution, die auch ohne Menschen weitergehen wird.

> Gibt es einen Sinn unserer Existenz?
> ...
> Wenn du die Geschichte des Universums, die Ge-
> schichte unseres Planeten und deine eigene Ge-
> schichte betrachtest, wirst du überall ein grundle-
> gendes Schema erkennen und das ist: Entwicklung.
> Das Universum hat eine Genese, die zur Entstehung
> der Erde führte, die Erde hatte eine Genese, die zur
> Entstehung des Lebens führte, das Leben hat eine
> Genese, die zu einem die Genese reflektierenden
> Bewusstsein führte und du hast eine persönliche
> Genese, die zu deinem hier und jetzt führte.
>
> Wenn man also auf all diese Entwicklungen schaut,
> ist es doch nur naheliegend, Entwicklung als Sinn
> der Existenz zu begreifen.
> Natürlich muss man das nicht tun. Die meisten tun
> es sicherlich nicht, sondern suchen sich aus Unwis-
> senheit und fehlender Reflexion anderen Lebens-

> sinn, wie Familie, Erfolg, Selbstverwirklichung,
> Sport,etc. Aber beim Blick auf das große Ganze,
> wenn man sich von der Bedeutung der eigenen Exi-
> stenz lösen kann, dann ist die Erkenntnis, dass Ent-
> wicklung ein Grundprinzip aller Existenz ist, durch-
> aus plausibel und es ist deshalb nur folgerichtig,
> diese als eigentlichen Sinn des großen Ganzen zu
> erkennen.

Es ist vielleicht naheliegend, aber nicht zwingend, diesem Entwicklungsschema einen Sinn zu unterstellen.
Ich persönlich tue es nicht, akzeptiere aber, wenn andere so einen übergeordneten Sinn sehen wollen.

> Warum es sinnvoll ist, Entwicklung als Sinn der Exi-
> stenz anzunehmen, erkläre ich im zweiten Punkt,
> in dem ich dir widersprechen möchte:
>
>> Für mich ist die Determinismusfrage sehr span-
>> nend und interessant, obwohl mir bewusst ist,
>> dass sie – radikal zu Ende gedacht – keine prakti-
>> schen Erkenntnisse vermitteln und auch zu keinen
>> Konsequenzen führen kann.
>
> Die Erkenntnis, dass alles determiniert ist, kann
> durchaus zu neuen Erkenntnissen und damit zu
> Konsequenzen führen.

Nur sind diese neuen Erkenntnisse und Konsequenzen
ja ebenfalls bereits determiniert! Das führt unweigerlich zu einer "Seltsamen Schleife" im Gehirn, aus der
man nur "herausspringen" kann, wenn man sich dem
determinierten Leben hingibt und einfach lebt, ohne
an den radikalen Determinismus ständig zu denken.

> Hätten alle Menschen diese Sichtweise tatsächlich
> verinnerlicht, würde das den Umgang der Menschen
> untereinander erheblich verändern – und zwar posi-
> tiv.

Mag sein – ich sehe das genauso, weil ich denke, dass ich den Determinismus bereits verinnerlicht habe und bei mir beobachte, dass er zu mehr Toleranz und Empathie führt. Aber "erzwingen" läßt sich so eine Sichtweise nicht, weil <u>jeder</u> eine andere determinierte Lebensgeschichte hat.

> Zur Frage, warum es sinnvoll ist, Entwicklung als
> Sinn der Existenz anzunehmen, möchte ich, dass du
> dir vorstellst, was wäre, wenn alle Menschen, die
> heutzutage viel Zeit in andere Dinge investieren, ih-
> re Zeit in die persönliche Entwicklung investieren
> würden, weil sie darin den Sinn von Existenz im
> Ganzen erkannt haben und deshalb Entwicklung
> auch zum Sinn ihrer persönlichen Existenz gemacht
> haben.
> Ich denke, in der Erkenntnis der Determiniertheit
> und damit unserer Unfreiheit, steckt tatsächlich so-
> gar eine große Chance, nämlich die, eines neues
> Menschen- und Weltbilds, frei von religiösen Mythen
> und ihren negativen Folgeerscheinungen.
> Die Erkenntnis der eigenen Unfreiheit kann sogar zu
> mehr persönlicher Freiheit führen, nämlich dadurch,
> dass ich mir meine eigenen Unfreiheiten bewusst
> mache und gezielt daran arbeite. Das können so-
> wohl psychische Zwänge sein, als auch physische
> oder gesellschaftliche. Die Erkenntnis der eigenen
> Unfreiheit ist somit der erste Schritt zur eigenen Be-
> freiung.
> Wer das verstanden hat, dem ist auch klar, dass ein
> undeterminiertes Selbst alles andere, als erstre-
> benswert wäre.

Auch da stimme ich dir weitgehend zu – obwohl ich deinen Optimismus nicht ganz teilen kann, weil der Ausgang dieses natürlichen Prozesses für uns offen und ungewiss bleibt. Der determinierte Lebensprozess ist zwar unausweichlich und unabänderlich, aber es gibt nichts, wovor wir Angst haben müssten. Es gibt aber auch keinen Grund auf einen guten Ausgang des einzelnen individuellen Lebens oder der menschlichen Kulturgeschichte zu hoffen. Nachdem es für mich keine personale Instanz gibt, die hinter dem Schicksal steht, sind alle hineinprojizierten Eigenschaften nichtssagend. Der Verlauf ist weder gut noch böse. Das Ende ist weder erlösend noch bedrohlich. Der naturgesetzliche Prozess ist wertneutral und letztendlich gleichgültig gegenüber der menschlichen Existenz – obwohl „gleichgültig" auch schon wieder eine negative Wertung ist. Und Wertungen haben meiner Ansicht nach in diesem festgelegten Naturverlauf nichts verloren.

Beitrag gepostet: Do, 2.1.2014, 13:15

Vollbreit hat geschrieben:
> Determinismus und Erkenntnis schränken sich nicht
> in der Weise ein, dass man sagen könnte, je deter-
> minierter desto weniger erkenntnisfähig.

Ja, klar.

>> Reflexionen gehören für mich auch zum Denken
>> ganz allgemein. Und solche Denkprozesse sind für
>> mich neurobiologisch im Gehirn kodiert und un-
>> terliegen den gleichen (determinierenden)
>> Naturgesetzen wie alles andere auch.
>
> Und warum soll das einschränken?

Ich habe nichts von Einschränken geschrieben. Meine Vermutung ist nur, dass bewusstes Reflektieren, Innehalten und wohl überlegtes Beurteilen nicht irgendwo im luftleeren Raum stattfindet, sondern auch eine "Leistung" des Gehirns ist – und das Gehirn untrennbarer Teil des determinierten Naturgeschehens ist. Deshalb liegt die Vermutung nahe, dass auch (kreatives) Denken, Sprechen und Schreiben ein prinzipiell determinierter Prozess ist.

> Das wir zur Kreativität fähig sind steht nun außer
> Zweifel, sogar empirisch:
> Robert Brandom hat geschrieben:
> „...Chomsky hat darauf hingewiesen, dass eine sol-
> che Kreativität die Regel und nicht die Ausnahme ist.
> Fast jeder Satz, den ein Erwachsener in seiner Mut-
> tersprache äußert, wird zum ersten Mal geäußert –
> nicht bloß von diesem Sprecher, sondern zum ersten
> Mal in der Geschichte der Menschheit. ...

Ja, ein faszinierender Gedanke, dass Kreativität in der
Sprache nicht die Ausnahme, sondern die Regel ist.
Wir treiben fast ständig kreative Sprachspiele...

> Klar, Kreativität ist nicht methodisch zu erzwingen.
> Man weiß im Grunde gar nicht was da passiert, au-
> ßer, dass man aus gewohnten Mustern ausbricht.
> Warum manches genial und manches ein Rohrkre-
> pierer ist, das weiß keiner.

Das wird meiner Ansicht nach auch so bleiben, weil ein
"kreativer Prozess" aus so vielen unbekannten Einflussfaktoren besteht, dass es mir unmöglich erscheint, jemals tiefere Erkenntnis von diesem Prozess
zu erlangen.

Beitrag gepostet: Do, 2.1.2014, 16:47

fopa hat geschrieben:
> Lange Zeit habe ich auch an diesen "harten Determi-
> nismus" geglaubt in dem Sinne, dass ich davon
> überzeugt war, dass die ontische Realität tatsächlich
> genau so ist. Mittlerweile bin ich eher Skeptiker
> denn Gläubiger und meine, dass viele Argumente
> für eine solche Ontologie sprechen. Meines Wissens
> nach ist die Quantenmechanik auch kein echtes Ge-
> genargument wider den harten, kausalen Determi-
> nismus, zumal es da ja unterschiedliche Interpreta-

> tionen gibt (http://de.wikipedia.org/wiki/Interpreta
> ... enmechanik). Aber genau an diesen Punkten bin
> ich mir selbst eben nicht mehr so sicher. Ich kann
> mir zwar beim besten Willen nicht vorstellen, wie ein
> Ereignis ohne Ursache oder Auslöser stattfinden
> können soll. Nichtsdestoweniger könnte aber ge-
> nau das Realität sein, und mein hominides Pri-
> matengehirn ist bloß nicht in der Lage, das zu be-
> greifen.

Im Grunde meines Denkens versuche ich auch immer,
wacher Skeptiker zu bleiben und an nichts einfach nur
blind zu glauben. Für mich ist der *harte atheistische
Determinismus* aber zur Zeit das intuitiv passendste
Modell für meine Weltsicht. Natürlich kann es aber
auch sein, dass uns unser Gehirn Kausalitätsdenken
nur vorspielt, weil es sich evolutionär so und nicht anders entwickelt hat.

Beitrag gepostet: Do, 2.1.2014, 17:38

fopa hat geschrieben:
> Zur Berechenbarkeit bzw. Modellierbarkeit:
> Alle unsere Aussagen über die Realität und ihre Ge-
> setzmäßigkeiten sind Modelle. Ob sie die Realität
> exakt oder ziemlich genau oder nur grob oder gar
> nicht beschreiben, wissen wir nicht mit Sicherheit.
> Wenn sich aber Gesetzesaussagen als robust erwie-
> sen haben, macht es durchaus Sinn, entsprechende
> (Computer-)Modelle mit mehr Daten, also beispiels-
> weise Daten von mehr Wetterstationen mit kürzeren
> Aufzeichnungsintervallen zu füttern. Dann bringen
> sie nämlich, sofern sie die wesentlichen Prozesse
> (Gesetze) der Realität adäquat (ausreichend genau)
> beschreiben, auch präzisere und längerfristige Er-
> gebnisse.
> Das Maß für die (Nicht-)Berechenbarkeit von
> Geschehnissen ist meines Erachtens nicht der Grad
> an Komplexität der Realität, sondern unser Erkennt-

> nisstand bezüglich der Realität (die Korrektheit und
> Vollständigkeit unserer Modellprozesse) und unsere
> Rechenleistung und Speicherkapazität.

Aber gerade beim komplexen, dynamischen "Wetter-
system" können wir beobachten (ich kann mich leider
nicht mehr erinnern, wo ich das gelesen habe – deshalb kann ich diese Aussage auch nicht belegen), dass
in den letzten Jahrzehnten auch eine größere Anzahl
von Wetterstationen, immer größere Rechenlei-
stung/Speicherkapazität und immer bessere mathematische Wettermodelle nicht den erwünschten Erfolg
gebracht haben: Der halbwegs sichere Prognosezeit-
raum bleibt immer noch bei ein bis zwei Wochen. Das
liegt laut Chaostheorie an der "Empfindlichkeit" der
Eingangsdaten und der nicht-linearen Dynamik des
komplexen Systems "Wetter". Gerade hier ist das Maß
für die (Nicht-)Berechenbarkeit der Grad an Komplexität der Realität. Aber ich gebe zu, dass es genügend
andere (einfachere) Systeme in der Realität gibt, wo
deine obigen Aussagen Gültigkeit haben.

Beitrag gepostet: Do, 2.1.2014, 19:19

Dissidenkt hat geschrieben:
> So wie wir als zivilisierte Menschen mit entspre-
> chendem Bildungshintergrund in einem Stuhl einen
> Sinn erkennen, können wir auch im ganzen Univer-
> sum einen Sinn erkennen. Man muss nur Funktion
> und Genese als solches verstehen und richtig deu-
> ten.

Verstehen sehe ich ja noch ein – aber warum muss ich
das ganze Universum **deuten**? Für mich ist das Universum zunächst einfach einmal nur da und hat keine Bedeutung. Wir können jetzt alles mögliche hineinproji-
zieren (Sinn, Zweck, Plan, Ziel usw.) – aber wozu, frage
ich mich?

Dissidenkt hat geschrieben:

>> Es gibt in der Evolution aber sehr wahrscheinlich
>> keinen Plan, keine Absicht, kein Ziel und keinen
>> Fortschritt. Das ist zugegeben schwer zu verste-
>> hen, weil es unserem alltäglichen praktischen
>> Denken widerspricht. Wir hätten als Mensch gerne
>> einen übergeordneten Zweck. Wir sehen uns als
>> hoch entwickeltes Lebewesen gerne als endgülti-
>> ges Ziel der Evolution. Wir wünschen uns vielleicht,
>> dass wir geplant wurden mit der Absicht, die Kro-
>> ne der Schöpfung zu sein. Der Mensch ist aber
>> nicht die Krone der Schöpfung oder das Endpro-
>> dukt der Evolution. Der Mensch ist auch nicht das
>> Maß aller Dinge. Der Mensch wird wahrscheinlich
>> als biologische Art genauso aussterben wie Millio-
>> nen Arten vor ihm. Der Mensch ist auf dem Plane-
>> ten Erde ein Teil der Evolution, die auch ohne
>> Menschen weitergehen wird.
>
> Du siehst den Zweck nur noch nicht. Du siehst ge-
> wissermaßen den Wald vor lauter Bäumen nicht! :-)
> DU bist selbst Schöpfer deiner Welt! Die Evolution
> hat dich hervorgebracht, um sich selbst zu erken-
> nen. Ohne das reflektierende Bewusstsein, das der
> Höhepunkt der Genese des Lebens ist, gäbe es kei-
> nerlei Existenz, denn es wäre niemand da, der die
> Existenz des Seins bezeugen könnte.
> Der Mensch ist somit Produkt der Evolution und ein
> Werkzeug der Natur, mit dem sie auf sich selbst
> schaut. Das mag für dich persönlich keinen Sinn er-
> geben, was der Natur aber egal sein kann, denn du
> erfüllst deinen Zweck trotzdem. Du wirst dich wei-
> terentwickeln, fortpflanzen und Stück für Stück wird
> die Natur mehr von sich selbst erkennen.

Ich will deinen positiven Enthusiasmus nicht enttäu-
schen, aber ich sehe beim besten Willen keinen Anlass,
an das zu glauben, was du hier beschreibst. Der
Mensch mit seinem Bewusstsein ist vielleicht viel un-
wichtiger als du denkst und hat vielleicht gar keine

übergeordnete Funktion in der Natur.

> Ohne die Genese des Lebens gäbe es gar keine Exi-
> stenz!
> Existenz ist eine Kategorie unseres Bewusstseins,
> die vom Leben selbst erst erschaffen wurde und es
> ist nur allzu plausibel anzunehmen, dass das Leben
> entstand, gerade um Existenz als solche überhaupt
> erst zu erkennen.
> Ein Universum ohne Bewusstsein ist offensichtlich
> vollkommen sinnlos, weil es nicht als solches
> wahrgenommen und deshalb gar nicht existieren
> würde. ;–)

Du überinterpretierst meiner Ansicht nach unsere (un-
wichtige, kleine) menschliche Existenz in einem nicht-
vorstellbar großen Universum. Das Universum ist mit
oder ohne Bewusstsein vollkommen sinnlos. Und ich
bin abgeklärter Realist genug, um daran zu glauben,
dass das Universum auch dann noch real existiert,
wenn kein Mensch da wäre, der es bewusst wahrnehmen kann. Beweisen kann ich dir das allerdings nicht.

Beitrag gepostet: Fr, 3.1.2014, 17:38

Dissidenkt hat geschrieben:
> Wenn du meinst, dass das Universum für dich keine
> Bedeutung hat, dann ist das zwar objektiv absurd,
> denn ohne das Universum gäbe es dich nicht, aber
> du kannst das natürlich sehen wie du möchtest.

Es ist zwar eine schöne und faszinierende Vorstellung,
wenn man sich bewusst macht, dass jeder letztendlich
aus "Sternenstaub" entstanden ist – aber ist es wirklich
sinnvoll, eine besondere Bedeutung da hinein zu legen? Für mich haben Dinge und Lebewesen aus meiner
unmittelbaren Umgebung im sog. „Mesokosmos" Bedeutung. Das gesamte Universum ist mir da einfach zu
groß und zu unvorstellbar...

>> Ich will deinen positiven Enthusiasmus nicht ent-
>> täuschen, aber ich sehe beim besten Willen keinen
>> Anlass, an das zu glauben, was du hier be-
>> schreibst. Der Mensch mit seinem Bewusstsein ist
>> vielleicht viel unwichtiger als du denkst und hat
>> vielleicht gar keine übergeordnete Funktion in der
>> Natur.
>
> Mir geht es nicht darum an etwas zu glauben, son-
> dern darum etwas zu verstehen. Es ist keine Frage
> des Glaubens, ob du ohne das Universum existieren
> würdest oder ob das Universum ohne ein reflektie-
> rendes Bewusstsein existieren würde, das ist eine
> einfache Sache der Logik. Darin einen Sinn zu er-
> kennen ist zweifellos eine Interpretation, aber sie ist
> schlüssig und birgt das Potential für ein Menschen-
> und Weltbild, das die Menschheit in ihrer Entwick-
> lung voranbringen könnte.

Was würde sich deiner Meinung nach konkret ändern,
wenn sehr viele Menschen dein beschriebenes Men-
schen- und Weltbild annehmen würden? Anders gefragt: Welches Potential siehst du darin?

> Die eigene Existenz oder das Leben als Ganzes als
> sinnlos abzutun, ist einfach nur fatalistisch.

Vielleicht hilft es, sich die Definition laut Wikipedia an-
zuschauen (Sätze von mir unterstrichen):

Wikipedia hat geschrieben:
> Unter Fatalismus versteht man eine Weltanschau-
> ung, die davon ausgeht, dass das Geschehen in Na-
> tur und Gesellschaft durch das Schicksal (lateinisch
> fatum) unabänderlich bestimmt wird. Fatalisten hal-
> ten die Fügungen des Schicksals für unausweichlich
> und meinen, der Wille des Menschen könne ihnen
> nichts entgegensetzen. <u>Daraus ergibt sich aber nicht</u>
> <u>zwangsläufig die Folgerung, menschliche Entschei-</u>

> dungen und Handlungen seien sinnlos.
> Kennzeichnend für den Fatalismus ist die Annahme
> einer universell wirkenden Instanz als gemeinsame
> Ursache der einzelnen von ihr festgelegten Schick-
> sale. Diese Instanz kann eine Gottheit sein, deren
> Vorsehung die Welt lenkt, oder auch eine unpersön-
> liche oder mehr oder weniger personifizierte Macht,
> die im Rahmen einer kosmischen Ordnung für einen
> vorbestimmten Ablauf der Schicksale sorgt. Wird das
> Schicksal ausschließlich auf eine naturgesetzliche
> Kausalität zurückgeführt, ohne dass damit die
> Vorstellung einer verursachenden, lenkenden und
> zwecksetzenden Instanz (Vorsehung) verknüpft ist,
> so spricht man von Determinismus.

Ich meine mit meinem harten atheistischen Determinismus diesen letzten Satz, also bin ich kein Fatalist,
sondern Determinist. Der Lebensprozess als Ganzes
(Evolution) und das Universum haben für mich keinen
übergeordneten Sinn, aber individuelle subjektive Exi-
stenzen darin haben meist ein Bedürfnis nach Sinn.
fopa hat das schon weiter oben gut formuliert (ich sehe das genauso):

fopa hat geschrieben:
> Sinn setzt ein Bedürfnis nach etwas (ein Ziel) voraus.
> Bedürfnisse sind subjektiv, demnach sind Sinn und
> Ziel relational, denn sie beziehen sich auf ebendiese
> Bedürfnisse. Nach meinem Dafürhalten gibt es kei-
> nen Anlass, einen supernaturalistischen (absoluten)
> Sinn anzunehmen, der über der Existenz steht.

Beitrag gepostet: Fr, 3.1.2014, 18:20

Vollbreit hat geschrieben:
>> Meine Vermutung ist nur, dass bewusstes Reflek-
>> tieren, Inne-halten und wohl überlegtes Beurteilen
>> nicht irgendwo im luftleeren Raum stattfindet,
>> sondern auch eine "Leistung" des Gehirns ist – und

>> das Gehirn untrennbarer Teil des determinierten
>> Naturgeschehens ist. Deshalb liegt die Vermutung
>> nahe, dass auch (kreatives) Denken, Sprechen und
>> Schreiben ein prinzipiell determinierter Prozess ist.
>
> Das ja, oft wird nur gemeint, Determinismus ginge
> mit Einschränkungen im Bezug auf die Freiheit der
> Entscheidung oder die Kreativität einher.

Ich sehe diese Einschränkungen nicht unbedingt, außer das "Freiheit" wahrscheinlich eine Illusion ist. Wir
"fühlen" uns zwar frei, wenn wir entscheiden, haben
aber in Wirklichkeit keine Wahl in dem bestimmten
Entscheidungsmoment. D.h. es ist schon unausweichlich festgelegt, wie wir uns in einem bestimmten Moment entscheiden. Genauso bei der Kreativität: Manche Menschen sind sehr kreativ – aber diese Kreativität
ist irgendwie in ihrer Lebensgeschichte schon angelegt
bzw. festgelegt.

>>> Klar, Kreativität ist nicht methodisch zu erzwin-
>>> gen. Man weiß im Grunde gar nicht was da
>>> passiert, außer, dass man aus gewohnten Mu-
>>> stern ausbricht. Warum manches genial und
>>> manches ein Rohrkrepierer ist, das weiß keiner.
>>
>> Das wird meiner Ansicht nach auch so bleiben,
>> weil ein "kreativer Prozess" aus so vielen unbe-
>> kannten Einflussfaktoren besteht, dass es mir un-
>> möglich erscheint, jemals tiefere Erkenntnis von
>> diesem Prozess zu erlangen.
>
> Das steht am Ende vieler Erkenntnisprozesse: Die
> Idee es könne alles determiniert sein und die Ein-
> sicht, dass wir das nie belegen können. Finde ich
> sehr unbefriedigend.

Ich finde es sehr befriedigend, eine Ahnung von einer
allumfassenden Determiniertheit zu haben – auch
wenn ich das nicht belegen kann. Es ist für mich er-

staunlich und irgendwie ein gutes (wenn auch absurdes) Gefühl, Teil eines (vielleicht letztendlich sinnlosen) determinierten Prozesses zu sein.

Beitrag gepostet: Fr, 3.1.2014, 19:51

Darth Nefarius hat geschrieben:
>> Natürlich kann es aber auch sein, dass uns unser
>> Gehirn Kausalitätsdenken nur vorspielt, weil es
>> sich evolutionär so und nicht anders entwickelt
>> hat.
>
> Hätte sich so etwas in einer zufälligen Welt entwic-
> keln können? Kann es Evolution oder andere Geset-
> zesmäßigkeiten ohne Kausalität geben?

Nein, vermute ich. Unter anderem deswegen verstehe ich den quantenmechanischen "objektiven Zufall" nicht. Wenn in der mesokosmischen Lebenswelt (Evolution) alles vollständig kausal bedingt ist, dann müsste es ja auch im Mikro-(Quantenwelt) und Makrokosmos (Universum) so sein. Nur versagt unsere evolutionär entstandene Vorstellungsfähigkeit bei diesem ganz "Kleinen" und ganz "Großen". Deshalb bleibe ich doch ein wenig skeptisch, obwohl ich an den harten Determinismus "glaube"...

Beitrag gepostet: Fr, 3.1.2014, 21:54

Dissidenkt hat geschrieben:
> Du wirst aber den wahren, übergeordneten Sinn
> deiner Existenz niemals verstehen, wenn du deine
> Existenz nicht in das Gesamtsystem in dem du lebst
> einordnen kannst oder willst.

Kann sein – ich sehe da wirklich keinen "wahren, übergeordneten Sinn" und einbilden möchte ich mir so wenig wie möglich. Als Gesamtsystem reicht mir die globale Sicht auf den Planeten Erde (und auch da bin ich meist schon überfordert) – und der ist nur ein relativ unbedeutendes Staubkörnchen in unserer Galaxie – und die ist nur eine unter hundert Milliarden...

>> Was würde sich deiner Meinung nach konkret än-
>> dern, wenn sehr viele Menschen dein beschriebe-
>> nes Menschen- und Weltbild annehmen würden?
>> Anders gefragt: Welches Potential siehst du darin?
>
> Das Potential gesellschaftlicher Veränderung ist
> enorm. Das Welt- und Menschenbild ist mitent-
> scheidend für die Organisation der Gesellschaft und
> den Umgang der Menschen untereinander. Die Aus-
> wirkungen durchzudeklinieren würde den Rahmen
> eines Forums sprengen. Kulturen, die an blutrünsti-
> ge Götter glaubten, haben Menschen geopfert,
> Abrahamitische Religionen sind (neben ihren positi-
> ven Eigenschaften) rachsüchtig und erziehen die
> Menschen in Furcht und Aberglaube, rassistische
> Nationen haben ganze Völker ausgemerzt.
> Grundsätzlich würden sich die Kommunikation und
> das Verständnis der Menschen untereinander ver-
> bessern, weil jeder wüsste, dass der andere eben
> nur so kann, wie er kann. Was darüberhinausgeht,
> Justiz, Bildungssystem, Herrschaftssystem, etc. wür-
> de Bücher füllen.

Ich habe so eine Antwort irgendwie erwartet und tue mir schwer darauf einzugehen. Trotzdem ein Versuch: Wenn einzelne Menschen für sich ein passendes Welt-bild gefunden haben und es dann möglichst global verwirklichen wollen, ist das bis jetzt in der Mensch-heitsgeschichte immer schief gegangen. Ich will dir jetzt nichts unterstellen und weiß, wie du es wahr-scheinlich meinst, weil ich ein ähnliches Weltbild habe wie du – aber alleine die idealistische Beschreibung, was sich alles zum Besseren ändern könnte, zeigt mir, dass du den Determinismus meiner Ansicht nach nicht wirklich ernst nimmst oder nicht konsequent genug

anwendest. Wenn es nämlich wirklich wahr ist, dass
alles determiniert ist, dann ist es die "Menschheitsent-
wicklung" auch – und kein Mensch, weder du noch ich
oder sonst wer kann sich diese "Menschheitsentwick-
lung" vorstellen oder prognostizieren. Ich will damit
sagen, dass es völlig offen für uns ist, wie sich die
Menschheit global weiterentwickelt. Wir können uns da
nur überraschen lassen. Was wir hingegen tun können,
ist, an uns selbst und unserer Entwicklung zu arbeiten.
Aber auch das ist bereits festgelegt in jeder Lebensgeschichte. Manche entwickeln sich eben nicht oder nicht
so schnell wie andere. Jeder kann eben nur so, wie er
kann – wie du selbst schreibst.

> Ich sehe durchaus einen Sinn darin, dem Leben ei-
> nen Sinn zu geben, der über Trivialitäten hinausgeht
> und unsere Existenz im System Universum zum
> Fundament hat.
> Unter Fatalismus verstehe ich die Haltung, dass alles
> determiniert ist und wir uns deshalb mit den Ver-
> hältnissen abfinden und das Leben so gemütlich wie
> möglich machen.

Ich denke, du siehst den Determinismus noch nicht
hart/konsequent genug. Wer einen Sinn sucht, der ist
dazu determiniert, einen Sinn zu suchen. Wer sich mit
den Verhältnissen abfindet, ist dazu determiniert, sich
mit den Verhältnissen abzufinden. Wer so gemütlich
wie möglich leben will,... usw.usf. In letzter Konsequenz kann keiner etwas dafür, wie er lebt, denkt,
fühlt und handelt.

> Auch wenn ich einen harten Determinismus vertrete,
> sehe ich einen Weg, dem Fatalismus zu entkommen
> und aus der Erkenntnis der eigenen Unfreiheit zur
> eigenen Befreiung zu gelangen. Was es dazu
> braucht ist nicht mehr oder weniger, als die Einsicht,
> dass wir unfreie Wesen in einer determinierten Welt
> sind. Wenn wir dies wahrhaftig erkannt und verin-
> nerlicht haben, wenn wir verstanden haben, dass es

> Freiheit in einem absoluten Sinne nicht geben kann,
> dass sie ein Hirngespinst ist, dann muss man nur
> noch erkennen, dass es dennoch RELATIVE Freihei-
> ten gibt. Relative Freiheiten sind deine physische
> Bewegungsfreiheit, deine psychische Freiheit im
> Denken, im Kommunizieren und deine relativen
> Freiheiten im Handeln. All diese relativen Freiheiten
> kann der Mensch aktiv erweitern indem er lernt, in-
> dem er sich also weiterentwickelt und aktiv an sei-
> ner eigenen Genese arbeitet.

Ich bestreite, dass es relative Freiheiten gibt. Wenn
schon harter Determinismus, dann wirklich hart! ;-)

Beitrag gepostet: Sa, 4.1.2014, 18:59

Dissidenkt hat geschrieben:
> Selbstverständlich ist auch die Menschheitsge-
> schichte determiniert, aber das bedeutet ja nicht,
> dass wir keinen Einfluss auf sie hätten. Indem ich
> hier meine Gedanken niederschreibe nehme ich ak-
> tiv Einfluss. Ich könnte in der gleichen Zeit in einem
> religiösen Forum Gott preisen und Menschen zum
> beten auffordern, was dann einen anderen (ebenfalls
> bescheidenen) Einfluss auf die Menschheitsge-
> schichte hätte.
> Wenn ich aber erkannt habe, dass ich der religiösen
> Weltsicht eine vernunftgeleitete Weltsicht gegen-
> überstellen kann, die mit den neuesten Erkenntnis-
> sen der Wissenschaften konform geht und oben
> drein das Potential hat, das Zusammenleben der
> Menschen zu verbessern, dann kann ich nicht an-
> ders, als diesen Gedanken fortzuführen, zu hinter-
> fragen und weiter zu verbreiten. Das ist halt meine
> eigene Determination. Was andere mit diesem Mem
> machen, steht natürlich nicht in meiner Macht.

Ja, jeder hat einen winzig kleinen Einfluss auf die
Menschheitsgeschichte – indem er zB in seinem per-

sönlichen Umfeld handelt und kommuniziert oder hier Beiträge postet, die dann von einigen Leuten gelesen, verarbeitet und weiterverbreitet werden. Da stimmen wir überein. Wo wir vielleicht nicht übereinstimmen, ist die (von mir vermutete) Tatsache, dass dieses persönliche Handeln und Kommunizieren ja auch determiniert sein müsste. Auch das Erkennen dieser Zusammenhänge gehört zu dieser Determination, weil ein Erkenntnisprozess im Gehirn abläuft und dieses von der allgemeinen allumfassenden Determiniertheit nicht abgegrenzt werden kann. D.h. jeder (neue) Gedanke, jedes sprachliche Formulieren und jeder Text, der hier oder im persönlichen Umfeld zustande kommt, ist bereits unausweichlich festgelegt.

>> Ich bestreite, dass es relative Freiheiten gibt.
>
> Das kommt, weil du meine Ausführungen dazu noch
> nicht kennst. Ich will sie gerne nochmal umreissen:
>
> Fakt ist: Es gibt keine absolute Freiheit!
> Obwohl wir den Begriff ständig gedankenlos so ge-
> brauchen, als gäbe es eine absolute Freiheit, ist die-
> se nicht nur unmöglich, sondern auch undenkbar.
> Absolute Freiheit wäre totale Beliebigkeit und Will-
> kür und hat in einem stabilen System deshalb kei-
> nen Platz.
> Dennoch schwafeln, singen oder predigen dumme
> Menschen ständig von "Freiheit" ohne überhaupt zu
> wissen wovon sie reden. Dazu gehören auch Philo-
> sophen und Wissenschaftler, was wirklich erschrec-
> kend ist.
>
> Wenn also jemand sagt: "Ich bin ein freier Mensch",
> dann weisst du, er ist ein Idiot oder er drückt sich
> nicht richtig aus.

Naja, so grob würde ich es nicht ausdrücken, aber da stimmen wir überein.

> **Es gibt nur relative Freiheit und diese auch nur in**
> **einem konkreten Kontext.**
>
> Wenn jemand sagt: "Ich bin frei, in jede Himmels-
> richtung zu laufen", dann ist das eine relative Frei-
> heit und somit ein sinnvoller Satz. Es gibt relative
> Freiheit in physischer Hinsicht. Am wenigsten frei ist
> ein Mensch mit Locked-In-Syndrom, denn er kann
> sich gar nicht bewegen. Relativ unfrei ist man auch
> im Gefängnis. Besonders frei dagegen ist ein sehr
> sportlicher Mensch in einem offenen Gelände. Man
> könnte das endlos durchdeklinieren, aber das Prin-
> zip ist klar und es ist auf die Psyche übertragbar.
> Auch die Freiheit zu denken ist relativ. Sie steigt mit
> dem Bildungsgrad und sinkt mit psychischen Krank-
> heiten oder Zwängen. Bei der Arbeit bist du ge-
> zwungen zu denken, was man vor dir erwartet und
> bist du in einer Religionsgemeinschaft, wird diese
> ebenfalls dein Denken bestimmen.
>
> Das Prinzip der relativen Freiheit dürfte damit klar
> geworden sein.

Es ist mir klar, was du mit **relativer Freiheit** meinst
zum Unterschied von absoluter Freiheit. Ich kenne natürlich auch das Gefühl, relativ frei in physischer und
psychischer Hinsicht zu sein. Ich kann handeln und
denken, wie ich will – das ist ein Privileg, das nicht alle
Menschen haben. Das ist mir auch bewusst. Ich habe
also scheinbar relative Handlungsfreiheit und relative
Denkfreiheit. "Scheinbar" deswegen, weil ich vermute,
dass es eine Illusion ist. In Wirklichkeit ist <u>alles</u> determiniert, also auch meine und deine relativ freien
Handlungen und Gedankengänge. Ich habe das schon
weiter oben so formuliert: Einerseits erlebe ich mich in
der Lebenswelt als individuelles relativ freies „**Teil-**
chen", das bewusst fühlt, denkt, handelt und beobachtet. Andererseits habe ich oft das Gefühl oder die
Ahnung einer <u>deterministischen Einheit der gesamten</u>
<u>Natur</u>, in der alles ein abstraktes, zusammenhängen-

des, sich dynamisch veränderndes (oder wie du sagen würdest, ein sich entwickelndes) komplexes „**Muster**" ist.

> Jetzt kommt der entscheidende Punkt: Wir können
> unsere relative Freiheit aktiv erweitern!
> Du kannst deine physische Freiheit vergrössern, in-
> dem du Sport treibst, klettern oder fliegen lernst.
> Du kannst aber auch deine psychische Freiheit er-
> weitern, indem du dich weiterbildest, Sprachen
> lernst, neue Worte, Konzepte, neues Wissen und
> neue Fertigkeiten erlernst.
> Das meine ich, wenn ich davon spreche, dass wir
> Entwicklung als Sinn unseres Lebens für uns per-
> sönlich annehmen sollten.
> Trotz determinierter Welt können wir uns bewusst
> dazu entscheiden und erweitern dadurch unsere
> Freiheit.

Ja, auch da verstehe ich im Prinzip, was du meinst. Die Verwirklichung dieser Strategie hängt aber von vielen Einflussfaktoren in einem individuellen Leben ab. Auch das habe ich weiter oben schon aufgezählt: Gene, frühkindliche Prägung, Erziehung, Ausbildung, Charakter, Gedächtnis, Unbewusstes, soziales Umfeld, kulturelle Normen, Traditionen, Gespräche, Diskussionen, Medienkonsum und viele andere Einflussfaktoren. D.h. kein Mensch kann sich in Wirklichkeit aussuchen, was aus ihm wird, weil das Leben von Beginn an determiniert ist. Wenn jemand wie du jetzt seine relative Freiheit aktiv erweitert, dann bist du scheinbar dazu determiniert. Ein anderer wird gar nicht verstehen, was du ihm da erzählen willst, sondern wird vielleicht mit dem zufrieden sein, wie er ist – auch wenn das in deinen Augen eine relative Unfreiheit ist.

Beitrag gepostet: So, 5.1.2014, 17:32

Dissidenkt hat geschrieben:

> Du kennst sicher das Libet-Experiment. Die Folge-
> rung daraus ist:
> Unbewusste und unzugängliche Bereiche unseres
> Gehirns entscheiden wie wir in einer Situation han-
> deln und melden diese Entscheidung dann ans Be-
> wusstsein, welches uns wiederum suggeriert, unser
> bewusstes Ich hätte die Entscheidung getroffen.

Ja, das *Libet*-Experiment kenne ich. Es hat unter anderem dazu beigetragen, dass ich den harten Determinismus wirklich so radikal formulieren kann. Ich habe
ihn mittlerweile so verinnerlicht, dass ich ihn mir jederzeit bei meinen Handlungen und meine Gedanken-
gängen bewusst machen kann und bin jedes Mal er-
staunt darüber, wie plausibel aber auch wie ausweglos
er ist.

> Eine scheinbar ausweglose Situation, denn wir sind
> faktisch durch unzugängliche Prozesse in unserem
> Gehirn gesteuert und nicht durch das, was wir uns
> als unabhängigen Willen einbilden. Das führt dazu,
> das wir manchmal Dinge tun, die wir eigentlich gar
> nicht tun wollen oder uns hinterher fragen, warum
> wir das denn getan haben und unser Gehirn dann
> teils hanebüchene Erklärungen für unser Tun liefert,
> nur um konsistent zu bleiben, sonst würden wir
> nämlich irre.

Irre würde ich nicht sagen, aber es ist ein seltsamer
Gedanke, dass bewusste Gedanken und Reflexionen
auch determiniert sind. D.h. alle unsere Gedanken haben ihre Ursache in unzugänglichen Prozessen in unserem Gehirn, die uns zum Großteil nicht bewusst
sind, wie du richtig schreibst. Unser Leben läuft in ge-
wissem Sinne automatisch ab und wird durch die Interaktion mit der jeweiligen Umwelt und mit anderen
Menschen zu einem hochkomplexen Verhaltensmuster, das sich oft nur schwer erklären lässt.

> Aus dieser scheinbar ausweglosen Situation gibt es

> dennoch einen Weg und zwar indem wir aktiv Ein-
> fluss auf unser Gehirn nehmen, zB indem wir Ler-
> nen, uns also bewusst und gezielt weiterentwickeln.
> Es geht also darum, unserem Unbewussten ganz ak-
> tiv Handlungsmuster für alle möglichen Problemfälle
> des Lebens bereitzustellen. Auch wenn wir im ent-
> scheidenden Moment keinen aktiven Einfluss auf
> das Unbewusste haben, hat das Unbewusste durch
> das Lernen mehr als eine Lösungsoption und es be-
> steht die gute Chance, dass es die Richtige auswäh-
> len wird.

Ja, Lernen ist eine gute Strategie, um für alle möglichen Problemfälle des Lebens gerüstet zu sein. Ich
würde sogar behaupten, dass sich dieser Lernprozess
zu einem selbstorganisierenden dynamischen Prozess
entwickeln kann, je klarer und intensiver wir über die
Welt nachdenken. Manche Menschen können dann gar
nicht anders, als sich ständig weiterzubilden/zu entwickeln, indem sie zB ständig Bücher oder Webseiten
lesen "müssen", sich mit anderen Menschen austau-
schen und so immer umfangreicher informiert werden.
Auch das ständige (philosophische) Reflektieren gehört dazu. Einmal in Gang gesetzt, hört dieser intel-
lektuelle Entwicklungsprozess wahrscheinlich ein Leben lang nicht mehr auf...

> Natürlich haben wir längst eingesehen, das Lernen
> vorteilhaft und notwendig für das Zusammenleben
> in einer zivilisierten Gesellschaft ist. Aber der eine
> Schritt, die bewusste Entscheidung, Lernen als Weg
> zu größerer individueller Freiheit einzusetzen, ist
> noch nicht getan.

Vielleicht nicht die große Masse, aber es gibt, denk
ich, schon sehr viele Individuen, die diesen lebenslan-
gen Lern- und Reflexionsprozess für sich als Lebens-
ziel schon definiert haben.

Beitrag gepostet: Mi, 8.1.2014, 10:30

AgentProvocateur hat geschrieben:
> 1. Mir ist nicht klar, was atheistischer Determinis-
> mus bedeuten soll. Das Attribut "atheistisch" ergibt
> mE in Verbindung mit "Determinismus" keinen rech-
> ten Sinn. Man kann zwischen ethischem, logischem,
> theologischem, physikalischem und psychologi-
> schem Determinismus unterscheiden, aber was bitte
> soll "atheistischer" Determinismus sein?

Mit dem Attribut "atheistisch" will ich mich vom theo-
logischen Determinismus (göttliche Vorsehung, Fügung, Prädestination – auch Fatalismus, der religiös
motiviert ist) abgrenzen. Vielleicht reicht es auch, sich
auf den physikalischen Determinismus zu beziehen,
obwohl da die mögliche mathematische Berechenbar-
keit der Welt im Vordergrund steht – die ich aber an-
zweifle. Für mich ist die komplexe dynamische Lebenswelt fast nie berechenbar und vorhersehbar, obwohl ich sie für vollständig und unausweichlich festgelegt halte.

> 2. "Determinismus" bedeutet mE, dass – zumindest
> hypothetisch – eindeutige (d.h. nicht stochastische)
> Gesetzmäßigkeiten für alle Vorkommnisse in einer
> Welt gefunden werden können.

Ja, da stimme ich zu.

> 3. Aus einem solchen Determinismus folgt keine
> (metaphysische) Notwendigkeit für die Abläufe in
> einer solchen Welt, (das wäre eine – mE metaphy-
> sisch ziemlich starke, daher zusätzlich begrün-
> dungsbedürftige – Zusatzannahme, die mE mitnich-
> ten schon in Determinismus enthalten ist).

Diesen Satz verstehe ich nicht ganz. Wo liegt das Problem? Was ist die Frage?

> 4. Der Gegensatz zu determiniert ist nicht-
> determiniert (oder auch – normalerweise: indeter-
> miniert, falls man unter "indeterminiert" nicht tota-
> les Chaos, bzw. das Fehlen jeglicher Gesetzmäßig-
> keit verstehen will. Falls doch, dann bräuchte man
> einen zusätzlichen Begriff für: "weder völlig gesetz-
> mäßig noch völlig ungesetzmäßig").

Auch dem scheinbaren "Chaos" liegen sehr wahrscheinlich Gesetzmäßigkeiten zu Grunde. Das wissen
wir seit der *Chaostheorie* (heute: *"Theorie komplexer
Systeme"*). Man spricht auch vom *"deterministisches
Chaos"*.

> 5. Der Gegensatz zu Determinismus ist nicht: frei,
> d.h. Determinismus schließt nicht Freiheit per se
> aus, meinte man dieses jedoch dennoch, wäre das
> gesondert zu begründen.

Naja, wirklich begründen kann ich meine Vermu-
tung(en) nicht. Es ist eine metaphysische Hypothese,
die ich für plausibel halte. Mir ist aber bewusst, dass
sie letztendlich ein "Glaube" ist.

> 6. Der Gegensatz zu Freiheit ist Zwang.

Ja.

> 7. Die – metaphysische – Annahme, unsere Welt sei
> determiniert, sieht im Lichte der Erkenntnisse der
> Physik im letzten Jahrhundert momentan wie eine
> unhaltbare Annahme aus.

Ja zugegeben, wobei es verschiedene Interpretationen
der *Quantentheorie* gibt. Vor allem der Physiker *David
Bohm* (1917–1992) beschäftigte sich mit einer nichtli-
nearen deterministischen Theorie mit verborgenen Va-
riablen. Da ich kein Physiker bin, kann ich diese Theorien nicht mathematisch nachvollziehen, aber sie zeigen mir, dass es Alternativen gibt zur gängigen inde-

terministischen Sicht der meisten Physiker. Außerdem glaube ich, dass der *objektive QM-Zufall* noch ein sehr unverstandenes Naturphänomen ist.

Beitrag gepostet: Mi, 8.1.2014, 11:35

AgentProvocateur hat geschrieben:
> Wieso darf jemand morden, vergewaltigen, stehlen,
> einbrechen, betrügen, erpressen, entführen, aber
> niemand Andere schuldig sprechen? Entweder oder:
> Entweder ist alles das ein unabänderlicher Ablauf im
> Weltgeschehen, für den niemand etwas kann, ...,
> und so auch nicht dafür verantwortlich gemacht
> werden kann oder aber der moralische Anspruch ist
> auch gegenüber Mördern, Vergewaltigern, Einbre-
> chern, Betrügern, Erpressern und Entführer berech-
> tigt. Es ist aber prima facie sehr merkwürdig, nur
> Mörder, Vergewaltiger, Einbrecher, Betrüger, Erpres-
> ser und Entführer von einer Verantwortung für ihre
> Taten freizusprechen ("die können ja nichts dafür"),
> anderen aber eine solche Verantwortung zuzuspre-
> chen ("die aber können etwas für ihre Vorwürfe").
> Wieso, woraus folgt das? Weil Erstere determiniert
> sind, (und daraus geheimnisvollerweise Nicht-
> Verantwortung für die eigenen Taten folgt?), Zweite-
> re aber nicht determiniert sind? Oder wie jetzt?

Ich halte <u>alle</u> Menschen für determiniert in dem Sinne, dass sie zu einem bestimmten Zeitpunkt nicht anders können, als so zu denken und zu handeln, wie sie eben denken und handeln. Das gilt für Mörder und andere Straftäter genauso wie für jemanden, der solche Straftäter dafür schuldig im moralischen Sinn spricht. Ich habe mich da wahrscheinlich missver-ständlich ausgedrückt. Was ich meine – und was *@fopa* in seinem Beitrag schon beschrieben hat – ist, dass aus einer deterministischen Weltsicht heraus es möglich ist, auf die moralischen Begriffe "Gut" und "Böse" zu verzichten und die gesellschaftlichen Rah-

54

menbedingungen so zu gestalten, dass eine gemein-
same Diskussion von ethischen Regeln möglich wird.

> Und außerdem ist es prima facie unlogisch, eine
> persönliche Verantwortung zu leugnen, aber eine
> gesellschaftliche Verantwortung zu fordern. Die Ge-
> sellschaft ist kein (Mega)-Akteur für sich, sie be-
> steht aus einzelnen Individuen. Wenn das einzelne
> Individuum nicht verantwortlich sein kann, dann
> kann auch die Gesellschaft nicht verantwortlich sein.

Ja, da hast du wohl recht. Die gesellschaftliche Entwicklung ist genau so determiniert, wie die einzelnen
Individuen – wobei "Verantwortung" ein schwieriger
und vielschichtiger Begriff ist. Ich bin da noch nicht
am Ende meiner Überlegungen, was den strengen Determinismus anbelangt...

Beitrag gepostet: Mi, 8.1.2014, 11:54

stine hat geschrieben:
> *AgentProvocateur hat geschrieben:*
>> Es ist aber prima facie sehr merkwürdig, nur Mör-
>> der, Vergewaltiger, Einbrecher, Betrüger, Erpresser
>> und Entführer von einer Verantwortung für ihre
>> Taten freizusprechen ("die können ja nichts da-
>> für"), anderen aber eine solche Verantwortung zu
>> zusprechen ("die aber können etwas für ihre Vor-
>> würfe"). Wieso, woraus folgt das? Weil Erstere de-
>> terminiert sind, (und daraus geheimnisvollerweise
>> Nicht-Verantwortung für die eigenen Taten folgt?),
>> Zweitere aber nicht determiniert sind? Oder wie
>> jetzt?
>
> Ja das wundert, bei der ganzen Diskussion.
> Aber dieses Denken entspricht 1:1 dem geforderten
> Mainstream. Wer nichts kann, kann nichts dafür und
> wer was kann, der soll sich gefälligts anstrengen!

Nein, so würde ich das keinesfalls formulieren. Was jemand kann oder nicht kann, hängt von seiner Lebensgeschichte (eine lange Kausalkette) und seinen Lebensbedingungen ab. Genauso, ob sich jemand jetzt anstrengt oder nicht – hat seine Ursache in seiner Lebensgeschichte. D.h. es gilt für beide Möglichkeiten der Satz: In letzter Konsequenz kann keiner etwas dafür, wie er lebt, denkt, fühlt und handelt. Ich behaupte nun, dass eine deterministische Weltsicht zu mehr Empathie und Toleranz führt!

Beitrag gepostet: Do, 9.1.2014, 13:00

Nanna hat geschrieben:
> Du vermischt hier mit großer Konsequenz Subjekt-
> und Objektperspektive.

Das liegt daran, dass ich den Determinismus auf <u>alles</u> ausweite. Wir sind alle eingebettet in eine komplexe objektive physikalische Realität/Wirklichkeit, von der wir uns abstrakte subjektive (Denk-)"Modelle" konstruieren. Über diese "Modelle" (zB stammesgeschichtlich ererbte Verhaltensmuster, Weltanschauungen im weitesten Sinne – also auch Religionen, naturwissenschaftliche Theorien) kann diskutiert werden. Mein "Modell" geht eben davon aus, das sowohl diese physikalische Realität/Wirklichkeit als auch der Prozess, der zu diesen abstrakten subjektiven (Denk)"Modellen" führt, determiniert ist. Wir betrachten die (objektive) Welt scheinbar aus einer Außenperspektive, wie wenn wir ein Bild von außen betrachten – sind aber gleichzeitig untrennbarer Teil dieser Welt bzw. also auch Teil des Bildes, das wir diesmal aus einer Innenperspektive betrachten. M.C.Escher hat das sehr schön in seiner Zeichnung *"Bildgalerie"* dargestellt.

> Hier in diesem Thread beispielsweise verfolgst du
> relativ klar das Ziel, andere von deiner Meinung zu
> überzeugen. Ich verstehe aber gar nicht, wie du im

> Einklang mit deinem Weltbild überhaupt für etwas
> plädieren kannst oder etwas ändern möchtest. Es ist
> ein performativer Selbstwiderspruch, die Meinungen
> von Menschen als vorherbestimmt anzusehen und
> dann zu versuchen, sie aktiv und initiativ zu ändern.

Warum? Ich stelle meine deterministische Weltsicht
hier zur Diskussion. Ich habe nicht das Ziel, andere
von meiner Meinung zu überzeugen. Wenn jemand,
wie du, diese Weltsicht nicht teilt, dann akzeptiere ich
das selbstverständlich. Jede Selbst-Reflexion und jeder
Kommunikationsprozess mit anderen ändert etwas.
Das ist doch klar und kein performativer Selbstwider-
spruch. Ich gehe eben davon aus, dass diese Prozesse
so wie alle natürlichen Prozesse determiniert sind.

> Wenn es wirklich so ist, dass alles determiniert ist
> und niemand etwas für seine Einstellungen kann (ich
> sehe nicht, dass das eine das andere impliziert, weil
> die jeweiligen Zuschreibungen "determiniert" und
> "verantwortlich" verschiedenen Perspektiven auf die
> Welt entlehnt sind und daher nur einen Scheinwider-
> spruch erzeugen), dann ist dein Glaube an den De-
> terminismus kontingent, d.h. dass du vom Determi-
> nismus überzeugt bist, hat nichts damit zu tun,
> dass es gute Gründe für den Determinismus gäbe,
> sondern ist einfach so, weil dein Leben eben gerade
> diesen Weg genommen hat. Gründe und ihre Quali-
> tät sind in einer unabänderlichen Welt irrelevant,
> weil Gründe nur im Kontext von Entscheidungen Re-
> levanz entfalten. In einer Welt der reinen Pfadfolge
> gibt es aber keine Alternativen und ergo auch keine
> Entscheidungen. Im Kontext einer radikalen deter-
> ministischen Auffassung ist es alles egal, warum
> jemand etwas tut – er tut es ja sowieso und Gründe
> werden sein Verhalten nicht ändern (deshalb haben
> radikale Deterministen ja auch kein Problem, die
> Entscheidung eines Mörders zu bagatellisieren).

Wo habe ich die Entscheidung eines Mörders bagatellisiert? Ich habe nur geschrieben, dass <u>auch</u> für Mörder und andere Straftäter die Tatsache gilt, dass sie zum Zeitpunkt der Straftat determiniert sind und sie nicht im herkömmlichen moralischen Sinn „schuldig" gesprochen werden sollen, weil sie nicht frei entscheiden konnten, sondern von unzähligen Einflussfaktoren festgelegt sind. *@fopa* hat es mittlerweile auch so formuliert:

fopa hat geschrieben:
> Wenn der Mörder aufgrund der Umstände und sei-
> ner inneren Verfassung gar nicht anders handeln
> konnte, so ist er nicht böse, sondern hat "lediglich"
> die Interessen der Gesellschaft verletzt. Seine Hand-
> lungen waren eine Art Naturkatastrophe, an der
> niemand schuld ist. Nichtsdestotrotz können Maß-
> nahmen ergriffen werden, solche Naturkatastrophen
> künftig zu verhindern.

Genauso sehe ich das auch. Deswegen werden auch Mörder und andere Straftäter, je nach Straftat, eingesperrt.

Nanna hat geschrieben:
> Letztlich folgt aus den Prämissen des radikalen De-
> terminismus: Es ist sinnlos, an eine determinierte
> Person zu appellieren. Komischerweise sind es aber
> dann genau die radikalen Deterministen, die mit Er-
> lösungsfantasien durch die Welt ziehen und das Heil
> durch Determinismus verkünden. "Entscheidet euch
> für den Determinismus, auch wenn ihr euch nicht
> entscheiden könnt!" In welcher Welt ergibt das ir-
> gendeinen Sinn?

Noch einmal: Ich appelliere an niemanden, meine Weltsicht zu teilen, sondern kommuniziere einfach. Ich habe auch keine Erlösungsfantasien und ziehe auch nicht durch die Welt und verkünde das Heil durch Determinismus.

> Du kannst jetzt natürlich kontern (ich hoffe für dich,
> dass du es nicht tust): "Ich bin aber determiniert,
> den Determinismus zu verkünden und determini-
> stisch zu denken." Das ist in dieser Weltsicht konse-
> quent und richtig und erinnert mich an Schopen-
> hauers Kommentar über den Solipsisten, den er mit
> einem Irren vergleicht, der sich in einem unein-
> nehmbaren Blockhaus verschanzt hat. Diese ganze
> Diskussion ist dann aber sinnlos, denn "ich bin so
> determiniert, ich muss so denken" ist ja letztlich ei-
> ne Verweigerung gegenüber dem Kern von Diskus-
> sionen, nämlich dem wechselseitigen Geben von
> Gründen und dem Entscheiden zwischen Gründen
> (wie schon gesagt: Der Determinierte kann gar nicht
> entscheiden!).

Ich verschanze mich eben nicht in einem uneinnehm-
baren Blockhaus, so wie ein Solipsist, sondern führe
ein ziemlich normales Leben mit Familie und sozialen
Kontakten – und stelle meine Weltsicht hier im Forum
zur Diskussion, weil ich die Frage "Determinismus
Ja/Nein?" für interessant und spannend halte.

> Es stellt sich weiterhin die Frage, warum der Deter-
> minismus ausgerechnet dahin führen sollte, dass
> man allgemein an ihn glaubt oder dass der Glaube
> an ihn uns empathischer und toleranter machen
> sollte.

Ich habe schon bereut, diesen Satz von der Empathie
und Toleranz in meiner Antwort an *@stine* geschrieben
zu haben. Aus dem radikalen strengen Determinismus
folgt nämlich in Wirklichkeit gar nichts. Ich weiß auch
nicht, was mich dazu bewogen hat, diesen Satz zu
schreiben...

> Die Lösung wäre, die Objekt- und Subjektperspekti-
> ve wieder sauber zu trennen bzw. sich nach einer
> entwickelten Integrationsmöglichkeit wie dem Kom-
> patibilismus umzusehen.

Im täglichen Leben trennen wir ganz natürlich die Ob-
jekt- und Subjektperspektive, sonst wären wir gar
nicht in der Lage, halbwegs konsistent und sinnvoll
zu handeln. Aber in der philosophischen Reflexion
können wir diese Trennung aufheben und die Welt
ganzheitlich denken.

> Wenn man sich in der subjektiven sozialen Welt auf-
> hält, wo man nach vorne gerichtet sozusagen auf
> der Spitze des Zeitstrahls sitzt, braucht man die Be-
> griffe von "Entscheidung", "aktivem Ändern",
> "Selbstbestimmung", "Verantwortung", "Schuld",
> "Strafe" etc., um in der sozialen Welt navigieren und
> handeln zu können. Nur mit diesem Vokabular kann
> ich Alternativen gegeneinander abwägen und mich
> für eine entscheiden, der ich dann folge.

Da gebe ich dir Recht. In der sozialen Welt brauchen
wir wahrscheinlich diese Begriffe, um handlungsfähig
zu bleiben.

> Verstehst du ungefähr, wie krass weit ab vom
> Schuss du dich hier aufhältst, was jegliche innere
> Plausibilität angeht?

Ja, ich verstehe ungefähr, was du meinst und nehme
meinen Satz mit der Empathie und Toleranz ausdrück-
lich zurück. Er hat nur zu Missverständnissen geführt,
die ich auch nachvollziehen kann. Trotzdem bleibe ich,
philosophisch gesehen, radikaler Determinist und Inkompatibilist.

Beitrag gepostet: Do, 9.1.2014, 14:52

AgentProvocateur hat geschrieben:
> Aber mein Punkt hier war der: Wer behauptet, dass
> Determinismus Freiheit ausschlösse, muss dafür
> mindestens ein einziges Argument nennen. Als un-

> begründete Setzung (= Dogma) ist das nicht akzep-
> tabel, weil nicht nachvollziehbar, weil nicht per se
> evident.
>
> Mal ganz böse gesagt: Das ist für mich ebensowenig
> nachvollziehbar, als wenn Du einfach so ohne Ar-
> gument behaupten würdest, dass es einen Gott gä-
> be, (weil Du das irgendwie gut findest, aber ohne
> weiteres Argument).

Nenne mir ein Ereignis/Phänomen in der komplexen
dynamischen Lebenswelt, die wir beobachten können,
das nicht kausal geordnet ist und natürliche Ursachen,
Vorbedingungen und eine Vorgeschichte hat, die für
uns zugänglich und erforschbar ist. Ich stelle hier ja
kein Dogma auf, sondern beziehe mich auf Dinge und
Phänomene, die wir tagtäglich beobachten können. Es
passiert ein Ereignis X und wir wissen/ahnen, dass Y
die Ursache ist. Wir beobachten das Phänomen A und
können/wollen beschreiben, dass B die Ursa-
che/Erklärung dafür ist. Diese kausalen Zusammenhänge sind mein Argument für den harten Determinismus (das habe ich aber schon in meinem Eingangsbeitrag in diesem Thread geschrieben). Wenn der Determinismus wahr ist, dann gibt es auch keine Freiheit
bzw. sie ist eine Illusion. Aber wie ich schon in der
Antwort an @Nanna geschrieben habe, brauchen wir
wahrscheinlich den Begriff "Freiheit", um in der sozialen Welt handlungsfähig zu bleiben.

> Erschwerend kommt hinzu, dass Du aus diesem
> Dogma moralische Forderungen ableitest, dass z.B.
> niemand einen Mörder (moralisch oder sonstwie)
> verurteilen dürfe, weil das moralisch falsch sei. Das
> unterscheidet sich nun mE nicht von moralischen
> Forderungen von (bestimmten, einzelnen) Theisten,
> dass man z.B. Homosexuelle moralisch verdammen
> müsse.

Dass ich solche moralische Forderungen vom Determinismus ableite, stimmt nicht. Im Gegenteil: Ich halte moralische Urteile prinzipiell für fragwürdig, weil ich gerade nicht an eine übernatürliche Instanz glaube, die solche moralischen Regeln aufstellen kann. Ich spreche lieber von ethischen Regeln und Richtlinien, die Menschen zu jeder Zeit gemeinsam aushandeln sollten. Aber das hat nicht unbedingt etwas mit der Frage "Determinismus Ja/Nein?" zu tun.

Beitrag gepostet: Do, 9.1.2014, 17:01

Vollbreit hat geschrieben:
>>*fopa hat geschrieben:*
>>> Wenn der Mörder aufgrund der Umstände und
>>> seiner inneren Verfassung gar nicht anders han-
>>> deln konnte, so ist er nicht böse, sondern hat
>>> "lediglich" die Interessen der Gesellschaft ver-
>>> letzt. Seine Handlungen waren eine Art Naturka-
>>> tastrophe, an der niemand schuld ist. Nichtsde-
>>> stotrotz können Maßnahmen ergriffen werden,
>>> solche Naturkatastrophen künftig zu verhindern.
>>
>> Genauso sehe ich das auch. Deswegen werden
>> auch Mörder und andere Straftäter, je nach Straf-
>> tat, eingesperrt.
>
> Dieser richtige Hinweis auf die schwere der Tat, ap-
> pelliert doch beim Verurteilenden an jenes Augen-
> maß, das dem Täter abgesprochen wird.
>
> Warum nicht die Todesstrafe für leichten Raub?
> Warum nicht Kastration für 10 km/h zu schnelles
> Fahren?
> Wenn Du einen Grund dafür angeben kannst und
> meinst, dass eine Begründung zu geben irgendeinen
> Sinn hat, außerhalb jeder beliebigen Äußerung, die
> auch "Tri tra trullala" lauten könnte – aber dann
> machte eine Diskussion hier auch keinen Sinn – be-

> ziehst Du Dich auf eine allgemeine Einsichtfähigkeit
> des Menschen, was so ziemlich jeder tut.
>
> Warum sollte die beim Täter aufhören? Dort wo ein
> Hund oder kleines Kind eine teure Vase zerstört,
> urteilen wir anders, als wenn es jemand macht, den
> wir vorher explizit baten vorsichtig zu sein.
> Einen geistig schwerbehinderten Menschen, je-
> mand mit einer akuten Psychose oder einen im
> schweren Rausch beurteilen wir anders, als einen
> "normalen", auch in puncto Schuldfähigkeit. Warum
> wohl?

Ich spreche im Prinzip <u>jeden</u> Menschen diese Einsichtsfähigkeit und dieses Augenmaß zu – auch einem
Täter (Ausnahmen hast du selbst genannt). Wie erklärt
man sich jetzt diese allgemeine Einsichtsfähigkeit,
dieses Augenmaß im (Be)Urteilen? Interessante Frage.
Ich nehme an, dass diese Fähigkeit – genauso wie andere menschlichen Fähigkeiten – evolutionär entstanden ist. Wie denn auch sonst? Auf die Frage "Warum?"
habe ich jetzt auf die Schnelle keine befriedigende
Antwort.
Es war auch offensichtlich ein langer historischer Prozess, bis Menschen sich ein ausdifferenziertes kompli-
ziertes Rechtssystem gegeben haben, wie wir es heute
in der zivilisierten Welt haben. Es wird auch ständig
erweitert, angepasst und verändert. Ich bin kein Richter oder Anwalt – und habe mich auch damit nicht näher beschäftigt.
In beiden Fällen haben wir aber die Gewissheit, dass es
eine (determinierte?) Vorgeschichte gibt, die zu dem
jetzigen Systemzustand geführt hat und dass sich dieses System differenziert weiterentwickeln wird.

Beitrag gepostet: Do, 9.1.2014, 20:06

Nanna hat geschrieben:
> Sagt man "Eine deterministische Weltsicht ist besser,

> weil...", so ist das eine normative Aussage mit
> grundsätzlich appellativem Charakter ("Folge auch
> du dieser Weltsicht!"). Gerade an dem Punkt, wo du
> für das Verständnis gegenüber dem determinierten
> Menschen wirbst, ist der Appell schwer wegzuleug-
> nen. Ich hätte das aber vielleicht von Anfang an be-
> grifflich besser klären sollen, als ich auf den Appell
> gekommen bin: Es erscheint mir relativ unplausibel,
> dass man eine Diskussion überhaupt ohne implizite
> Appelle führen kann. Wie etwa im „Vier-Seiten-
> Modell" deutlich wird, beinhalten Aussagen immer
> mehr an Inhalt als den unmittelbaren Sachaspekt.
> Unter Appell versteht man in diesem Zusammen-
> hang relativ weitläufig, dass man beim Gegenüber
> etwas bewirken will. Das muss nicht heißen, dass
> man andere um jeden Preis von seiner Meinung
> überzeugen will (das unterstelle ich dir in diesem
> Ausmaß auch gar nicht), aber üblicherweise erwartet
> man schon – also ich jedenfalls –, dass die guten
> Gedanken, die man äußert, eine entsprechende Re-
> zeption erfahren. Und noch komischer wäre es
> doch, wenn jemand aktiv ein Weltbild vertritt, das er
> als überlegen ansieht, dann aber keine Hoffnung
> hat, dass er Andere von den Vorzügen überzeugen
> kann. ;–)

Ich sage nicht, dass die deterministische Weltsicht
besser als eine andere ist. Mein Anliegen war zu erfahren, was die Teilnehmer hier im Forum zu so einem
Weltbild sagen. Insofern habe ich auf Feedback und
Input gehofft, weil mich das Thema zur Zeit sehr interessiert.

>> Ich habe nur geschrieben, dass auch für Mörder
>> und andere Straftäter die Tatsache gilt, dass sie
>> zum Zeitpunkt der Straftat determiniert sind und
>> sie nicht im herkömmlichen moralischen Sinn
>> "schuldig" gesprochen werden sollen, weil sie nicht
>> frei entscheiden konnten, sondern von unzähligen
>> Einflussfaktoren festgelegt sind.

64

>
> Wenn du alles funktionalistisch betrachten willst,
> warum ist dann das Schuldigsprechen als Mittel der
> sozialen Abschreckung problematisch, die Andro-
> hung des Einsperrens aber nicht? Beides sind poten-
> tielle Mittel der Tatvermeidung, beide haben ihren
> jeweiligen Einfluss auf den potentiellen (zukünfti-
> gen) Mörder. Warum nicht beide ausschöpfen? Weil
> "Schuld" so eine religiöse Patina hat, während das
> Einsperren so schön technisch-funktionalistisch
> aussieht und daher besser in den mechanistischen
> lifestyle des Deterministen passt? Dem wahren De-
> terministen, der kühl nach Aktion-Reaktion-
> Wirkmustern sucht, muss sowas doch eigentlich
> vollkommen egal sein.

Mich stört beim Begriff "Schuld" wirklich nur die "religiöse Patina". Als technisch-funktionalistisch sehe ich
das Einsperren ganz und gar nicht. Es ist jedes Mal eine menschliche Tragödie (natürlich genauso wie die
Straftaten selbst, wenn Menschen als Opfer davon be-
troffen sind). Ich sehe zwar wirklich meist abstrakte
Aktion-Reaktion-Wirkmuster bei der komplexen Interaktion zwischen Menschen (und ihrer Umwelt), aber
nur wenn ich als kühler Beobachter agiere und nicht,
wenn ich selbst mit Menschen in Kontakt bin.

>> Noch einmal: Ich appelliere an niemanden, meine
>> Weltsicht zu teilen, sondern kommuniziere ein
>> fach. Ich habe auch keine Erlösungsfantasien und
>> ziehe auch nicht durch die Welt und verkünde das
>> Heil durch Determinismus.
>
> Hab ich etwas dick aufgetragen? ;-)

Ja ;-)

>> Ich verschanze mich eben nicht in einem
>> uneinnehmbaren Blockhaus, so wie ein Solipsist,
>> sondern führe ein ziemlich normales Leben mit

>> Familie und sozialen Kontakten – und stelle meine
>> Weltsicht hier im Forum zur Diskussion, weil ich
>> die Frage "Determinismus Ja/Nein?" für interessant
>> und spannend halte.
>
> Ich wollte dich nicht als verrückten Missionar hin-
> stellen, falls du es so aufgefasst hast. Es tut mir
> leid, falls es so angekommen ist.

Naja, gewundert habe ich mich schon einwenig über
das Beispiel von *Schopenhauer* und deinem Dadais-
mus-"Vorwurf" ;-)

>> Im täglichen Leben trennen wir ganz natürlich die
>> Objekt- und Subjektperspektive, sonst wären wir
>> gar nicht in der Lage, halbwegs konstistent und
>> sinnvoll zu handeln. Aber in der philosophischen
>> Reflexion können wir diese Trennung aufheben
>> und die Welt <u>ganzheitlich</u> denken.
>
> Da widerspreche ich, weil wir grundsätzlich nicht in
> der Lage sind, als Beobachter dritter Ordnung zu
> fungieren, also die Subjektposition zu verlassen und
> uns auf sicheren letztgültigen Grund zu stellen
> (Münchhausen-Trilemma).

Aber künstlerisch darstellen lässt sich die ganzheitli-
che Sichtweise auf die Objekt- und Subjektperspektive
schon (deshalb habe ich die Zeichnung *"Bildgalerie"*
von *M.C.Escher* gepostet).

> Gefährlich wird es, wenn Begrifflichkeiten verschie-
> dener Perspektiven nicht ausreichend reflektiert in-
> einander gemischt werden oder man Perspektiven
> generell leugnet – die Gefahr bei einem holistischen
> Ansatz, wenn man so tut, als könne man Perspekti-
> vengrenzen ignorieren, obwohl aus epistemologi-
> scher Sicht ja jetzt schon klar ist, das kein diskursi-
> ves Wesen in diesem Universum das jemals im em-
> phatischen Sinne können wird. Insbesondere die

66

> epistemologische Trennung von normativen und de-
> skriptiven Äußerungen muss daher erhalten bleiben,
> sonst stapelt sich schnell Fehlschluss auf Fehl-
> schluss.

Okay, da gebe ich dir Recht.

Beitrag gepostet: Fr, 10.1.2014, 09:09

AgentProvocateur hat geschrieben:
>> Nenne mir ein Ereignis/Phänomen in der komple-
>> xen dynamischen Lebenswelt, die wir beobachten
>> können, das nicht kausal geordnet ist und natürli-
>> che Ursachen, Vorbedingungen und eine Vorge-
>> schichte hat, die für uns zugänglich und erforsch-
>> bar ist.
>
> Radioaktiver Zerfall.

Die Frage lautet ja: Was löst den Zerfall des Atoms gerade jetzt aus? Die Antwort: Wir wissen es nicht. Und
die Quantenphysik postuliert: Wir wissen es prinzipiell
nicht. Sie verbietet quasi die Vorstellung irgendeines
"Mechanismus", wodurch an einem bestimmten Zeitpunkt das Zerbrechen ausgelöst wird. Es gibt einfach
laut Quantentheorie nichts, was den Zerfall auslöst. Es
ist **reiner, purer, absoluter Zufall**.
Trotzdem lässt sich mit Gewissheit mit Hilfe der Wahr-
scheinlichkeitsrechnung vorhersagen, dass zB bei einer Menge von einer Milliarde radioaktiver Kohlen-
stoffatome nach exakt 5728 Jahren 500 Millionen zerfallen sein werden, nach weiteren 5728 Jahren zusätzlich 250 Mill. zerfallen sein werden usw. usf. Diese
5728 Jahren nennen wir dann die Halbwertszeit des
radioaktiven Kohlenstoffs. Radioaktives Uran hat zB
eine Halbwertszeit von 4,47 Mrd. Jahren.
Die Quantentheorie postuliert nun, dass nicht nur alle
radioaktive Zerfälle, sondern im Grunde alle Naturpro-
zesse, auf dem perfekten Zufall beruhen. Und genau

das bezweifle ich, weil ich einfach philosophisch nicht verstehe, was ein **reiner, purer, blinder, perfekter, absoluter Zufall** sein soll.

>> Wenn der Determinismus wahr ist, dann gibt es
>> auch keine Freiheit bzw. sie ist eine Illusion.
>
> Kommt wohl darauf an, was Du unter Freiheit ver-
> stehst. Ein Kompatibilist versteht dies darunter:
>
> *Vollbreit hat geschrieben:*
>> Frei soll bedeuten, aufgrund eigener Erwägungen
>> und frei von äußeren und inneren Zwängen.
>
> Was mit Determinismus problemlos vereinbar
> (kompatibel) ist.
>
> Was ist Deine Definition von Freiheit?
>
> Ich erwarte nun ehrlich gesagt, dass Du eine Defini-
> tion von Freiheit hast, die sowohl keine positive De-
> finition darstellt, als auch eine petitio principii ent-
> hält, (ungefähr so: "Determinismus und Freiheit sind
> sich ausschließende Gegensätze". Evtl. noch mit
> dem Zusatz: "ist doch klar, selbstverständlich,
> selbstevident"). Ich erwarte das deswegen, weil In-
> kompatibilisten erfahrungsgemäß immer so etwas in
> der Art sagen, wenn ich sie nach ihrer Freiheitsdefi-
> nition frage.
>
> Aber ich lasse mich immer gerne positiv überra-
> schen.

Ich kann mich durchaus anschließen an deiner und *@Vollbreits* Definition von Freiheit, weil ich das "Ge-fühl" kenne, frei von äußeren und inneren Zwängen erwägen, überlegen und reflektieren zu können. Zu diesem "Gefühl" kommt aber jetzt meine Vermutung, dass dieses bewusste Erwägen, Überlegen und Reflek-tieren ein determinierter Prozess ist, wie andere unbewusste Prozesse im Gehirn und physikalische Prozesse in der Umwelt auch. Nur können wir diese Determiniertheit unseres Bewusstseins nicht wirklich denken, weil wir ja ständig das "Gefühl" der Freiheit bei unseren Entscheidungen haben. Ich halte nun dieses "Gefühl" der Freiheit für eine von unserem Gehirn "gemachte" Illusion/Täuschung. Diese Illusion/ Täuschung ist eng verknüpft mit unserem subjektiven "Ich"-Bewusstsein, das ich ebenfalls für eine Täuschung halte. Aber mir ist schon klar: Über sieben Milliarden Menschen sagen "Ich" zu sich selber und die meisten von ihnen fühlen sich frei in ihren täglichen Entscheidungen. Das wird sich auch nicht ändern...

Beitrag gepostet: Fr, 10.1.2014, 18:53

Vollbreit hat geschrieben:
>> Ich spreche im Prinzip jeden Menschen diese Ein-
>> sichtsfähigkeit und dieses Augenmaß zu – auch
>> einem Täter (Ausnahmen hast du selbst genannt).
>> Wie erklärt man sich jetzt diese allgemeine Ein-
>> sichtsfähigkeit, dieses Augenmaß im (Be)Urteilen?
>> Interessante Frage.
>
> Noch interessanter ist, dass Du Einsichtigfähigkeit
> nicht gleichzeitig zu- und absprechen kannst.
> Wenn wir uns einig sind, dass es Ausnahmen von
> der Regeln gibt, dann sollten wir uns auch einig
> sein, dass es eine Regel gibt und die lautet einfach,
> dass wir voneinander stillschweigend erwarten, dass
> wir wissen was wir tun und Verantwortung über-
> nehmen.

Da sind wir uns ja vollkommen einig. Auch ich befolge diese Regel meistens – weiß (hoffentlich) was ich tue und trage Verantwortung (im Rahmen meines Handlungsspielraums). Aber ich weiß auch, dass diese Fähigkeit/Regel nicht vom Himmel gefallen ist, sondern sie wurde uns im persönlichen Umfeld beigebracht:

Von den Eltern in der Erziehung , während der Ausbildung – also während des Sozialisierungsprozesses in unserem Kulturraum mit Traditionen/ Konventionen. Auf alle diese Einflüsse hat keiner eine Wahl. Nun kommt irgendwann der Zeitpunkt (bei einem früher, beim Anderen später oder gar nicht), wo man über all diese Dinge nachdenken/reflektieren kann. Und dann kann gefragt werden, wie bin ich zu dem geworden, der ich bin. Wenn dann noch das Glück hinzukommt, dass man (sehr viel) Zeit zum Lesen und Kommunizieren hat, dann kommt man vielleicht zu der Einsicht, dass Vieles von dem, wie man ist (mit all den Fähigkeiten und Regeln zum Handeln), festgelegt war/ist. Von da ist es dann nur ein kleiner Sprung zu der (seltsamen) Idee des allumfassenden Determinismus.

> Das muss nichts Großes sein, Post rausnehmen und
> Blumen gießen, wenn der Nachbar im Urlaub ist,
> wissen, wie man ein Essen kocht, freundlich ist, wie
> man sich beim Bäcker verhält... und wir haben einen
> sehr genauen Sensor für Abweichungen.

Ja, die meisten Menschen, die ich kenne bzw. mit denen ich in Kontakt trete, sind freundlich, hilfsbereit und nett. Wir haben in der Tat einen sehr genauen und feinen Sensor für Abweichungen aller Art. Aber könnte nicht auch diese Sensibilität eine Fähigkeit sein, die sich im Leben ganz automatisch entwickelt (hat)?

> Und da sollen wir nur Statisten, stumme und ohn-
> mächtige Beobachter unserer eigenen Handlungen
> sein?

Wir sind eben nicht nur Statisten oder Zuschauer, sondern auch Akteure auf der Lebensbühne. Wir handeln aktiv und haben die Fähigkeit, dieses Handeln zu beobachten und zu reflektieren.

"Zeitlebens sind wir in der Lage von Leuten, die zu spät ins Theater kommen – in einem Zwischenakt wird

die Tür noch einmal halb geöffnet, wir zwängen uns
atemlos in den Raum und suchen im Dunkeln nach
dem eigenen Platz. Den Anfang der Handlung haben
wir verpasst, und für den Augenblick kann nicht mehr
geschehen, als dass wir von nun an ihrem Gang so
aufmerksam wie möglich folgen."
(Peter Sloterdijk in *"Zur Welt kommen – Zur Sprache*
kommen", S. 12)

Beitrag gepostet: Sa, 11.1.2014, 16:03

AgentProvocateur hat geschrieben:
> Reiner, purer, blinder, perfekter, absoluter Zufall
> wäre, wenn wir diese Definition des Determinismus
> hernehmen: "eine Welt ist dann determiniert, wenn
> alle Ereignisse in ihr (hypothetisch) eindeutig auf ei-
> nen vorherigen Weltzustand und auf (Natur)-
> Gesetzmäßigkeiten zurückgeführt werden können",
> dann ein Ereignis, das prinzipiell nicht auf einen
> vorherigen Weltzustand und auf (Natur)-
> Gesetzmäßigkeiten zurückgeführt werden könnte.
> Würdest Du das anders sehen? und wenn nicht: Wie-
> so ist das für Dich nicht vorstellbar?

Mit dieser Definition des Determinismus bin ich einverstanden. Aber unter einem reinen, puren, blinden,
perfekten, absoluten Zufall kann ich mir nichts vorstellen. Ich verstehe ihn nicht und weigere mich irgendwie, ihn einfach nur als Naturphänomen zu ak-
zeptieren. Er untergräbt meine intuitive Vorstellung
von einer einheitlichen ganzheitlichen Welt, in der
konsistente physikalische (Natur)-Gesetzmäßigkeiten
herrschen.

>> Ich kann mich durchaus anschließen an deiner und
>> @Vollbreits Definition von Freiheit, weil ich das
>> "Gefühl" kenne, frei von äußeren und inneren
>> Zwängen erwägen, überlegen und reflektieren zu
>> können. Zu diesem "Gefühl" kommt aber jetzt

>> meine Vermutung, dass dieses bewusste Erwägen,
>> Überlegen und Reflektieren ein determinierter Pro-
>> zess ist, wie andere unbewusste Prozesse im Ge-
>> hirn und physikalische Prozesse in der Umwelt
>> auch. Nur können wir diese Determiniertheit unse-
>> res Bewusstseins nicht wirklich denken, weil wir ja
>> ständig das "Gefühl" der Freiheit bei unseren Ent-
>> scheidungen haben. Ich halte nun dieses "Gefühl"
>> der Freiheit für eine von unserem Gehirn "gemach-
>> te" Illusion/Täuschung.
>
> Warum? Frei von äußeren und inneren Zwängen zu
> sein und überlegen und reflektieren zu können steht
> ja soweit noch in keinem Gegensatz zu Determinis-
> mus, d.h. solange sich das Gefühl der Freiheit nur
> darauf beschränkt, ist es keine Täuschung, keine Il-
> lusion. Es müsste also etwas Zusätzliches hinzu-
> kommen, eine notwendige Bedingung, damit etwas
> in Deinem Sinne (bzw. in einem mit Determinismus
> unvereinbaren Sinne) frei wäre.
>
> Vielleicht können wir das ein bißchen abkürzen:
> normalerweise vertreten Inkompatibilisten (= die
> Ansicht, dass Determinismus und Freiheit sich aus-
> schließende Gegensätze seien) zusätzlich als not-
> wendige Bedingung für Freiheit entweder PAP (Prin-
> zip der alternativen Moglichkeiten) oder UR (ultimate
> Responsibility = ultimative Verantwortung), (aber
> meist nur eines von dem, nicht beides gleichzeitig).
> Wobei UR nichts mit Determinismus zu tun hat, (UR
> ist prinzipiell unmöglich, weil das bedeutete, dass
> man sich wie Phönix aus der Asche selber erschaf-
> fen müsste), und PAP meiner Ansicht nach nicht ver-
> stehbar ist, ein Konzept, das nicht klar ist und auch
> nicht klar dargestellt werden kann. Es reicht dabei
> nicht, zu sagen, PAP sei zwar nicht klar, aber PAP
> wäre mit Determinismus unvereinbar, weil es in ei-
> ner determinierten Welt nie anders kommen kann,
> als es kommt. Wenn PAP ein unverständliches Kon-
> zept ist, dann ist nicht klar, wieso es eine notwendi-

> ge Voraussetzung für Freiheit sein solle.

Ich muss offen gestehen, dass ich mich in den philosophischen Diskurs "Kompatibilismus <-> Inkompatibilismus" noch nicht eingelesen und auch noch nicht
sehr lange darüber nachgedacht habe. Ich habe da
einfach noch keine endgültige Meinung und kann daher auch nicht sehr differenziert argumentieren. Meine
Selbstbezeichnung "Inkompatibilist" beruht auf der
von dir beschriebenen Ansicht, dass Determinismus
und Freiheit sich ausschließende Gegensätze sind. Als
überzeugter harter Determinist "muss" ich dann wohl
Inkompatibilist sein, oder nicht? Aber von mir aus bin
ich auch Kompatibilist, weil ich ja das (vielleicht illuso-
rische) "Gefühl" von Freiheit verstehe und zulasse.

Mir ist es letztendlich nicht so wichtig, in welche
Schublade ich gesteckt werde. Ich bin auch nicht unbedingt ein Freund von irgendwelchen "Ismen", obwohl mir schon klar ist, dass (neue) Begriffe notwendig
sind, um über Dinge und Sachverhalte möglichst ver-
ständlich zu reden. Aber ob ich jetzt Atheist, Natura-
list, Rationalist, Materialist, Physikalist, Monist, Inkompatibilist, Determinist oder was auch immer bin,
ist mir relativ egal. Ich will mich auch nicht um diese
Begriffe streiten, weil jeder vielleicht etwas anderes
damit meint. Bei solchen Diskussionen verliert man
leicht den Überblick und den Inhalt, den solche Begriffe ausdrücken/umschreiben sollen.

Mir geht es in diesem Thread hauptsächlich um den
harten atheistischen oder physikalischen Determinismus. Der schließt Freiheit definitionsgemäß aus, wenn
wir uns auf obige Definition einigen: "Eine Welt ist
dann determiniert, wenn alle Ereignisse in ihr (hypothetisch) eindeutig auf einen vorherigen Weltzustand
und auf (Natur)-Gesetzmäßigkeiten zurückgeführt
werden können." Der Weltzustand schließt alle Subjekte mit Bewusstsein mit ein. Daher sind auch diese
Subjekte mit Bewusstsein determiniert. Warum haben

wir dann das "Gefühl" von Freiheit? Warum ist diese Freiheit so wichtig für uns? Lässt sich das vielleicht evolutionstheoretisch irgendwie erklären? Wann ist dieses "Gefühl" entstanden? Welchen Zweck verfolgt die Natur/das Gehirn mit diesem "Gefühl"?

Beitrag gepostet: Sa, 11.1.2014, 17:29

Vollbreit hat geschrieben:
>> Wenn dann noch das Glück hinzukommt, dass man
>> (sehr viel) Zeit zum Lesen und Kommunizieren hat,
>> dann kommt man vielleicht zu der Einsicht, dass
>> Vieles von dem, wie man ist (mit all den Fähigkei-
>> ten und Regeln zum Handeln), festgelegt war/ist.
>> Von da ist es dann nur ein kleiner Sprung zu der
>> (seltsamen) Idee des allumfassenden Determinis-
>> mus.
>
> Soweit, ja.
> Aber frei ist man = reflektieren kann man dennoch.

Ja, offensichtlich. Die Frage ist natürlich, was man sich unter Reflektieren vorstellt. "Wikipedia" schreibt dazu:

Wikipedia hat geschrieben:
> Reflexion bedeutet in der Umgangssprache, wenn
> auf eine geistige Tätigkeit bezogen, etwa: Nachden-
> ken, Überlegen. In der Philosophie gibt es seit dem
> 17. Jahrhundert darüber hinaus fachspezifische
> Verwendungen des Begriffs, die sich mehr oder we-
> niger am umgangssprachlichen Begriff orientieren
> und unterschiedliche Aspekte hervorheben. Im Zen-
> trum steht dabei die Unterscheidung von auf äußere
> Objekte bezogenem Wahrnehmen und derjenigen
> geistigen Tätigkeit, die sich auf die Denk- und Vor-
> stellungsakte selbst richtet.

Nachdenken und Überlegen können wir also nicht nur über äußere Objekte, sondern auch über uns selbst, über unser Denken und Erkennen. Das ist dann ein selbstreflexiver Prozess. Ich frage mich da gerade, ob und wie so ein Prozess überhaupt determiniert sein kann bzw. wie man das je herausfinden könnte...

Vollbreit hat geschrieben:
>>> Und da sollen wir nur Statisten, stumme und
>>> ohnmächtige Beobachter unserer eigenen Hand-
>>> lungen sein?
>>
>> Wir sind eben nicht nur Statisten oder Zuschauer,
>> sondern auch Akteure auf der Lebensbühne. Wir
>> handeln aktiv und haben die Fähigkeit, dieses
>> Handeln zu beobachten und zu reflektieren.
>
> Ja, aber warum sollen wir dann nicht auch verant-
> wortlich für unser Tun sein? Darum dreht es sich
> doch.

Du hast Recht. Wir sind verantwortlich für unser Tun. Eine andere Möglichkeit ist für das praktische Zusammenleben nicht sinnvoll. Das ist neben dem "Freiheitsgefühl" das zweite Paradoxon, das ich als Determinist erkenne.

>> *"Zeitlebens sind wir in der Lage von Leuten, die zu*
>> *spät ins Theater kommen – in einem Zwischenakt*
>> *wird die Tür noch einmal halb geöffnet, wir zwän-*
>> *gen uns atemlos in den Raum und suchen im Dun-*
>> *keln nach dem eigenen Platz. Den Anfang der*
>> *Handlung haben wir verpasst, und für den Augen-*
>> *blick kann nicht mehr geschehen, als dass wir von*
>> *nun an ihrem Gang so aufmerksam wie möglich*
>> *folgen."*
>> (*Peter Sloterdijk* in *"Zur Welt kommen – Zur Spra-*
>> *che kommen"*, S. 12)
>
> Ja, ich mag den Sloterdijk ohnehin ganz gerne.
> Es ist das, was ich retrospektiv nennen würde. Nach
> und nach kapieren wir erst, was hier gespielt wird,

> sind mal Zuschauer, mal haben wir die Nebenrolle,
> mal die Hauptrolle... und erstaunlicherweise haben
> wir das irgendwie zu einem hohen Anteil noch
> selbst inszeniert.

Ja, man könnte es auch so formulieren: Der komplexe
Lebensprozess verhält sich für uns wie ein musizie-
rendes Orchester ohne Dirigent und er läuft ab wie ein
Film, der ohne Regisseur entsteht. Seltsam dabei ist,
dass es auch keinen Komponisten oder Drehbuchautor
zu geben scheint. Die Noten und Dialoge schreiben
und organisieren sich von selbst. Die Musik und der
Ton zum Film ertönt dann einfach – wir hören aufmerksam zu und erkennen ab und zu eine sinnvolle
Melodie darin. Der „Film des Lebens" läuft auf unserem
Planeten unausweichlich ab – manchmal ohne erkenn-
bare sinnvolle Handlung – und wir spielen darin mit –
ob wir wollen oder nicht.

Beitrag gepostet: Sa, 11.1.2014, 17:52

Vollbreit hat geschrieben:
>> Der springende Punkt ist dann für mich, dass ich
>> diese inneren und äußeren Zwänge sowie den Wil-
>> len als determiniert ansehe.
>
> Bei Deiner Formulierung klingt an, dass Du das Ge-
> fühl haben könntest, es ginge nur frei oder determi-
> niert.
> Denkst Du das oder ist das meine Phantasie?

Ja, im Grunde denke ich das. Der Determinismus ist
für mich logisch und konsistent. Irgendwie paradox ist
für mich dabei die Tatsache, dass wir uns als bewusste
Wesen trotzdem frei und verantwortlich fühlen.

>> Unser "Ich"-Bewusstsein ist laut Thomas Metzinger
>> ein virtuelles Werkzeug:
>>

>> *"Wir sind Ego-Maschinen, natürliche Informations-*
>> *verarbeitungssysteme, die im Verlauf der biologi-*
>> *schen Evolution auf diesem Planeten entstanden*
>> *sind. Das Ego ist ein virtuelles Werkzeug: Es hat*
>> *sich entwickelt, weil wir mit seiner Hilfe unser ei-*
>> *genes Verhalten kontrollieren und vorhersagen*
>> *und das Verhalten anderer verstehen konnten.*
>> *...*
>> *Wir sind Ego-Maschinen, aber wir haben keine*
>> *Selbste. Wir können den Ego-Tunnel nicht verlas-*
>> *sen, weil es niemanden gibt, der ihn verlassen*
>> *könnte. Das Ego und sein Tunnel sind repräsenta-*
>> *tionale Phänomene: Sie sind nur eine von vielen*
>> *möglichen Weisen, in denen bewusste Wesen ein*
>> *Modell der Wirklichkeit erzeugen können. Letztlich*
>> *ist subjektives Erleben ein biologisches Datenfor-*
>> *mat, also eine hochgradig spezifische Weise, In-*
>> *formation über die Welt darzustellen, eine innere*
>> *Weise des Gegebenseins, und das Ego ist lediglich*
>> *ein komplexes physikalisches Ereignis – ein Akti-*
>> *vierungsmuster in unserem zentralen Nervensy-*
>> *stem.*
>> *...*
>> *Wir sind selbst-lose Ego-Maschinen."*
>> (*Thomas Metzinger "Der Ego-Tunnel"*, S. 289)
>
> Halte ich von A bis Z für falsch. Was ich bin, emp-
> finde ich. Ich bin müde, hungrig, habe Sehnsucht,
> Liebeskummer, phantasiere über Beziehungen, Zu-
> künftiges, Bedeutungen.
> Wenn man das nun lieblos auf Funktionalismen run-
> terbricht, was ist damit gewonnen? Ist das die „wah-
> re Sichtweise"? Woher weiß Metzinger das, der kennt
> mich doch gar nicht? Und wenn Du sagst, dass er
> mich auch gar nicht meint, dann glaube ich das,
> aber genau das ist das Problem. Was uns einzigartig
> macht, ist ja genau das, was Metzinger völlig durch
> die Lappen geht. Das, was Dich ausmacht oder eben
> mich.
> In der Psychologie fragt man einen Menschen, was

> ihn - seiner Meinung nach – ausmacht, von anderen
> unterscheidet und diagnostiziert anhand der Ant-
> wort ob eine Ich-Schwäche vorliegt, die man sehr
> ernst nimmt.
>
> Ich möchte diese ganzen „Es gibt kein Ich"-Leute
> immer fragen, warum sie glauben, dass Psychologen
> das tun.
> Ein echter Ich-Verlust ist ein psychiatrischer Notfall,
> eine psychotische Episode, liegt die vor, sieht man
> sich manchmal berechtigt, diese Leute einzusperren,
> festzuschnallen oder unter schwere Medikamente zu
> setzen. Warum eigentlich, wenn uns Hirnforscher,
> Neurologen also, die nächsten beruflichen Verwand-
> ten der Psychiater erzählen, eigentlich hätten wir eh
> kein Ich oder keinen Willen? Dann ist doch so gese-
> hen gar nichts passiert.
> Auf einmal legen wir auf das Vorhandensein einer
> „intakten" Illusion größten Wert.

Thomas Metzinger will, soweit ich ihn überhaupt verstehe, ganz allgemein erklären, was das (Ich-) Bewusstsein genau ist und wie es funktioniert. Sein *"Ego-
Tunnel"* ist ein plausibles <u>allgemeines</u> "Ich"-Konzept.
Du meinst (d)ein <u>spezielles, einzigartiges</u> "Ich", das
natürlich das wichtigere von den beiden ist. Ohne unserem intakten speziellen "Ich" sind wir, wie du richtig
schreibst, nicht lebensfähig – ohne Kenntnis des "Ego-
Tunnels" aber schon.

Beitrag gepostet: So, 12.1.2014, 21:05

AgentProvocateur hat geschrieben:
>> Mir geht es in diesem Thread hauptsächlich um
>> den harten atheistischen oder physikalischen De-
>> terminismus. Der schließt Freiheit definitionsge-
>> mäß aus, wenn wir uns auf obige Definition eini-
>> gen: "Eine Welt ist dann determiniert, wenn alle Er-

>> eignisse in ihr (hypothetisch) eindeutig auf einen
>> vorherigen Weltzustand und auf (Natur)-
>> Gesetzmäßigkeiten zurückgeführt werden kön-
>> nen." Der Weltzustand schließt alle Subjekte mit
>> Bewusstsein mit ein. Daher sind auch diese Sub-
>> jekte mit Bewusstsein determiniert.
>
> Determinismus schließt Freiheit nicht definitions-
> gemäß aus. Hier fehlt daher die Definition von Frei-
> heit, um eine Aussage über die Vereinbarkeit bzw.
> Unvereinbarkeit von Determinismus und Freiheit
> machen zu können.

Meine Definition:
Unter Freiheit verstehe ich die Möglichkeit, ohne inneren und äußeren Zwang denken, entscheiden und handeln zu können.

Determinismus (wie oben definiert) ist meiner Ansicht nach mit dieser Art von Freiheit nicht vereinbar, weil wir immer unter inneren und äußeren Zwängen/ Ein-flüssen stehen – auch wenn wir diese Zwänge/ Ein-flüsse nicht bewusst erleben. D.h. wir "fühlen" uns dann frei, wenn wir scheinbar unter keinem Zwang/ Einfluss stehen. Es gibt aber viele unbewusste Zwän-ge/Einflüsse, die auf das Bewusstsein einwirken und unser Denken, Entscheiden und Handeln beeinflus-sen/festlegen. Ich nehme nun an, dass diese unzähli-gen Zwänge/Einflüsse wie alles in der Welt determi-niert sind.

Beitrag gepostet: Mo, 13.1.2014, 10:30

AgentProvocateur hat geschrieben:
>> Unter Freiheit verstehe ich die Möglichkeit, ohne
>> inneren und äußeren Zwang denken, entscheiden
>> und handeln zu können.
>
> Das ist aber die kompatibilistische Freiheitsdefiniti-

> on, d.h. die ist mit Determinismus vereinbar.

Okay, aber wie ist diese so verstandene Freiheit mit
dem allumfassenden Determinismus vereinbar?
Ich habe noch nicht verstanden, wie das ein Kompatibilist sieht.

>> Determinismus (wie oben definiert) ist meiner An-
>> sicht nach mit dieser Art von Freiheit nicht verein-
>> bar, weil wir <u>immer</u> unter inneren und äußeren
>> Zwängen/Einflüssen stehen – auch wenn wir diese
>> Zwänge/Einflüsse nicht bewusst erleben.
>
> Oh, hier gibt es wohl noch ein kleines Missverständ-
> nis: Der kompatibilistische Freiheitsbegriff ist kein
> binärer Begriff, (d.h. es gilt nicht: Entweder total
> frei von allen Zwängen/Einflüssen oder total unfrei),
> sondern man muss sich das als ein Kontinuum zwi-
> schen zwei Extrempolen vorstellen.

Ich glaube aber, dass wir total unfrei sind, aber diese
Unfreiheit meist gar nicht spüren.

"Ketten, die ich nicht spüre, sind keine Ketten!"
(Gerhard Roth in *"Aus Sicht des Gehirns"*)

*"Ein Meisterstück der Schöpfung ist der Mensch auch
schon deswegen, dass er bei allem Determinismus
glaubt, er agiere als freies Wesen."
(Georg Christoph Lichtenberg)*

>> D.h. wir "fühlen" uns dann frei, wenn wir scheinbar
>> unter keinem Zwang/Einfluss stehen. Es gibt aber
>> viele unbewusste Zwänge/Einflüsse, die auf das
>> Bewusstsein einwirken und unser Denken, Ent
>> scheiden und Handeln beeinflussen/festlegen. Ich
>> nehme nun an, dass diese unzähligen Zwän-
>> ge/Einflüsse wie alles in der Welt determiniert
>> sind.
>

> Du sagst hier:
>
> 1. Es gibt viele unbewusste/unerkannte Zwän-
> ge/Einflüsse, die unser Denken, Entscheiden und
> Handeln beeinflussen/festlegen
> 2. Diese Zwänge/Einflüsse sind determiniert
>
> Nun stimme ich der 1 zu und ich stimme auch zu,
> dass das Freiheitseinschränkungen gemäß der obi-
> gen Definition bedeutet, (Freiheitseinschränkung im
> kompatibilistischen Sinne). Aber die 2 ist dabei irre-
> levant, fügt dem nichts mehr hinzu. Es ist doch wohl
> völlig egal, spielt keinerlei zusätzliche Rolle, ob die
> Freiheitseinschränkung aus 1 determiniert oder in-
> determiniert erfolgte, das machte schlicht keinen
> Unterschied.

Ja, da gebe ich dir Recht. Ich wollte mit diesem Satz
nur noch einmal ausdrücken, dass ich wirklich an einen allumfassenden Determinismus glaube. Aber er ist
für obige Argumentation irrelevant.

Beitrag gepostet: Di, 14.1.2014, 12:30

AgentProvocateur hat geschrieben:
> Aber Du willst doch argumentieren, dass Determi-
> nismus und Freiheit sich ausschließende Gegensätze
> seien; dass, wenn unsere Welt determiniert sei, es
> darin keine freien Entscheidungen geben könne.
> Nicht? Und dafür musst doch mindestens ein einzi-
> ges Argument vorbringen können.

Ich habe nun hier ein Argument gefunden, das am
ehesten das beschreibt, was ich sagen will und es sehr
schön auf den Punkt bringt:
*"In letzter Zeit ist ein weiteres wichtiges Argument für
den Inkompatibilismus ins Feld geführt worden – das
Konsequenz–Argument Peter van Inwagens (Van Inwa-
gen 1983): Wenn der Determinismus wahr ist, ergibt*

*sich jede meiner Entscheidungen mit logischer Not-
wendigkeit aus vorhergehenden Ereignissen und den
geltenden Naturgesetzen. Für diese vorhergehenden
Ereignisse gilt ebenso, dass sie sich mit logischer
Notwendigkeit aus anderen noch weiter zurück liegen-
den Ereignissen und den geltenden Naturgesetzen ergeben, usw. Wenn der Determinismus wahr ist, gilt
letzten Endes also: Alle meine Entscheidungen ergeben sich mit Notwendigkeit aus Ereignissen, die vor
meiner Geburt stattfanden, und den geltenden Naturgesetzen. Ich habe aber weder Macht über Ereignisse,
die vor meiner Geburt stattgefunden haben, noch über
die geltenden Naturgesetze. Also habe ich auch keine
Macht über meine Entscheidungen."*

Konsequenter harter Determinismus bedeutet also für
mich, dass auch dann, wenn wir bewusst, rational und
reflexiv überlegen, unsere Entscheidungen ihre Ursachen in der Vergangenheit haben und den geltenden
Naturgesetzen gehorchen. Diese Ursachen und die Naturgesetze "spüren" wir aber oft nicht – und deshalb
"fühlen" wir uns meistens frei in unserem Denken,
Entscheiden und Handeln. Im praktischen Leben hat es
nun meiner Ansicht nach keine große Bedeutung, ob
wir jetzt unausweichlich festgelegt sind oder nicht,
weil wir uns offensichtlich als frei sehen und auch
meistens rational begründen können, warum wir so
und nicht anders gehandelt haben.

Beitrag gepostet: Mi, 15.1.2014, 09:42

Nanna hat geschrieben:
>> Ich habe aber weder Macht über Ereignisse, die vor
>> meiner Geburt stattgefunden haben, noch über die
>> geltenden Naturgesetze. Also habe ich auch keine
>> Macht über meine Entscheidungen."
>
> Was bedeutet es denn überhaupt für dich, "Macht"
> zu haben und inwiefern kann jemand "Macht über

> seine Entscheidungen haben", wenn das eine Loslö-
> sung des Ichs von der Existenz seines physischen
> (determinierten) Körpers implizierte? Wie soll es
> funktionieren, dass ich meine Entscheidungen be-
> einflusse? Das würde ja bedeuten, dass das, was
> "ich" bin und das, was meine Entscheidungen trifft,
> etwas Unterschiedliches sind. Denn Beeinflussung
> oder Macht über etwas [Anderes] haben, bedeutet,
> dass eine Subjekt-Objekt-Beziehung vorliegt, und
> das ist hier nicht der Fall, da "ich" und der Denkap-
> parat identisch sind.

Es ist zwar nicht meine Formulierung – ich habe ja nur
zitiert – aber ich will einmal versuchen, das Missver-
ständnis aufzuklären. Unter "Macht" verstehe ich in
diesem Zusammenhang Einfluss/Kontrolle. Ich kann zB
sagen, dass ich jetzt einen Beitrag hier im Forum
schreibe, indem ich mit meinen Fingern auf eine Ta-
statur tippe und am Schluss den Absendeknopf am
Bildschirm mit der Maus anklicke. Ich habe also
"Macht" im Sinne von Einfluss/Kontrolle über dieses
Ereignis – von der bewussten Entscheidung bis zur
Durchführung. Die Entscheidung ist aber determiniert
u.a. durch mein Motiv, hier im Forum über ein Thema
zu schreiben, das mich interessiert und ich auf Beiträge von anderen eingehen und antworten will. Der Vorgang des Schreibens läuft weitgehend unbewusst ab,
während ich in Gedanken die Sätze formuliere. Mein
"Ich"/Gehirn ist also der Akteur des ganzen Vorgangs.
Mein subjektiver Körper (in diesem Fall meine Hände
und Finger) und mein objektiver Computer mit Inter-
netzugang sind die "Werkzeuge". Siehst Du bei dieser
Trennung von "Ich" als Kontrollorgan und Körper als
Ausführungsorgan irgendein Problem?

> Auch bedeutet, das will ich nochmal verdeutlichen,
> eine "freie Entscheidung" nicht eine "zufällige Ent-
> scheidung".

Ja, "zufällige Entscheidungen" sind hier nicht das

Thema.

> Es wäre z.B. zu beachten, dass "gezwungen sein"
> und "so handeln, wie man aus den Bedingungen
> heraus eben [determiniert] handelt", eindeutig nicht
> dasselbe ist. Zwang, das wäre wie bei der "Beein-
> flussung des Körpers durch den Geist", setzt eine
> Subjekt-Objekt-Beziehung voraus, also dass jemand
> auf jemand Anderen Einfluss ausübt. Wenn Subjekt
> und Objekt aber zusammenfallen ("Ich" und mein
> Entscheidungsorgan sind identisch), fällt auch das
> Zwingende weg bzw. wird eins mit dem Gezwunge-
> nen, wodurch es überhaupt keinen Sinn mehr ergibt,
> von Zwang zu sprechen.

Ja, "Ich" und mein Entscheidungsorgan sind identisch.
Ich sehe das grundsätzlich so: Menschen haben ein
sehr komplexes Gehirn, mit dem sie wahrnehmen,
fühlen, denken und reflektieren. Unser Bewusstsein
bzw. unsere Psyche ist eng an unser Gehirn und den
gesamten Körper gebunden. Wir erleben irgendwie
unsere Gehirnaktivitäten und nennen dieses subjektive
Gefühl (Ich-)Bewusstsein. Unser (Ich-)Bewusstsein ist
aber nach allen Erkenntnissen der Hirnforschung nicht
vom Gehirn losgelöst oder körperlos. Im Gegenteil –
Gehirnprozesse auf neuronaler Ebene steuern ständig
unser (Ich-)Bewusstsein.

> Dass Ursachen in der Vergangenheit den Weg für
> spätere Entscheidungen bereitet haben, ist richtig,
> aber ich sehe das Skandalöse daran nicht. Das Ab-
> surde wäre doch andersherum: Dass Entscheidun-
> gen zufallsbedingt geschehen und unnachvollzieh-
> bar wären.

Ja klar, aber kein Mensch redet hier von etwas Skanda-
lösem.

> Ich sehe solche Vorstellungen als dualistische Resi-
> duen, die du (und Andere hier) aus ihren Weltan-

> schauungen nicht konsequent verbannt haben, wor-
> aus der Scheinwiderspruch entsteht, Freiheit und
> Determinismus schlössen sich aus. Mein Eindruck
> ist, dass du zwar einen physikalischen Monismus
> vertrittst bzw. vertreten willst, dabei aber ererbte
> Vorstellungen aus der substanzdualistischen Welt
> mit einmischt, die davon ausging, dass es einen
> immateriellen Geist (das "Ich", die "Seele") gibt, der
> die Entscheidungen für den Körper trifft und von
> außen auf ihn einwirkt, so dass neben den physi-
> schen Einwirkungen eine weitere Einwirkungsart be-
> stehen würde (das wäre dann das "Macht über die
> eigenen Entscheidungen haben" oder genauer ge-
> sagt: Als Geist den Körper beherrschen, ohne an-
> dersherum durch Einwirkungen der physischen Welt
> determiniert zu sein). Der Monismus, der ja in der
> Philosophie mittlerweile weithin recht konkurrenzlos
> akzeptiert wird, verbannt solche Möglichkeiten zwar
> aus der Welt, aber offensichtlich bleiben die Vorstel-
> lungen doch noch tief in vielen Weltbildern veran-
> kert. Dadurch, meine persönliche Vermutung,
> kommt es dann im Rahmen einer unabgeschlosse-
> nen Transformation des eigenen Weltbilds zu einer
> Integration von monistisch-deterministischen und
> dualistisch-indeterministischen Vorstellungen.

Hm, vielleicht hast du Recht. Aber vielleicht konnte ich
durch obige Ausführungen meine Position klarer darstellen.

Beitrag gepostet: Mi, 15.1.2014, 10:01

Vollbreit hat geschrieben:
>> Konsequenter harter Determinismus bedeutet also
>> für mich, dass auch dann, wenn wir bewusst, ra-
>> tional und reflexiv überlegen, unsere Entscheidun-
>> gen ihre Ursachen in der Vergangenheit haben und
>> den geltenden Naturgesetzen gehorchen.
>

> Davon gehen auch Kompatibilisten aus.

Okay.

>> Diese Ursachen und die Naturgesetze "spüren" wir
>> aber oft nicht – und deshalb "fühlen" wir uns mei-
>> stens frei bei unserem Denken, Entscheiden und
>> Handeln. Im praktischen Leben hat es nun meiner
>> Ansicht nach keine große Bedeutung, ob wir jetzt
>> unausweichlich festgelegt sind oder nicht, weil wir
>> uns offensichtlich als frei sehen und auch mei-
>> stens rational begründen können, warum wir so
>> und nicht anders gehandelt haben.
>
> Auf der theoretischen Ebene sieht es aber nicht an-
> ders aus.
> Etwas, das determiniert ist, Ursachen hat, kann nicht
> gleichzeitig frei sein, meine ich da immer noch zu
> hören.

Nein, ich kenne und akzeptiere das "Gefühl" der Freiheit, obwohl ich vermute, dass ich vollständig determiniert bin.
Ob ich jetzt dieses "Gefühl" der Freiheit, das jeder in
seinem praktischen Alltag erlebt, in der theoretischen
Diskussion *Freiheit an sich*, *relative Freiheit* oder *bedingte Freiheit* nenne, ist meiner Ansicht nach nur
mehr ein Streit um Begriffe.

Beitrag gepostet: Mi, 15.1.2014, 11:01

AgentProvocateur hat geschrieben:
> Macht es wirklich keinen Unterschied für meine
> Freiheit, ob ich bei meinen Überlegungen, Entschei-
> dungen und Handlungen bestimmte Umstände
> erkennen kann und die so berücksichtigen kann
> oder nicht? Ob ich diese Fähigkeit habe, mag zwar
> letztlich von mir nicht beeinflussbaren Umständen
> abhängen, aber – der andere Einwand gegen das

86

> Konsequenzialitätsargument – wie wäre das auch
> anders auch nur im Ansatz überhaupt denkbar?
> Oder mal so gesagt: Es ist sicher wenig strittig, dass
> sich niemand voraussetzungslos aus dem Nichts er-
> schaffen kann, dass jeder vielfältigen Einflüssen
> unterliegt, über die er keine Kontrolle hatte. Aber
> wieso folgt daraus, dass wir unfrei seien? Nach wel-
> chem Freiheitsbegriff? Nach einem, der erfordert,
> dass wir uns wie Phönix aus der Asche absolut vor-
> aussetzungslos selber erschaffen? Aber der wäre er-
> stens unplausibel, weil logisch unmöglich und zwei-
> tens glaubt doch kein Mensch ernsthaft, dass Men-
> schen derartige Fähigkeiten hätten. Oder?

Ich bestreite ja gar nicht, dass wir es so etwas wie
Freiheit gibt. Vielleicht könnten wir sie *bedingte Freiheit* nennen – das wäre eine Bezeichnung, mit der ich
als harter Determinist einverstanden wäre.

>> Konsequenter harter Determinismus bedeutet also
>> für mich, dass auch dann, wenn wir bewusst, ra-
>> tional und reflexiv überlegen, unsere Entscheidun-
>> gen ihre Ursachen in der Vergangenheit haben und
>> den geltenden Naturgesetzen gehorchen. Diese
>> Ursachen und die Naturgesetze "spüren" wir aber
>> oft nicht – und deshalb "fühlen" wir uns meistens
>> frei bei unserem Denken, Entscheiden und Han-
>> deln.
>
> Du setzt hier mal wieder voraus, dass "sich frei füh-
> len" bedeute, man würde meinen, man wäre
> unabhängig von allen nicht beeinflussbaren Um-
> ständen – egal, ob die determiniert oder indetermi-
> niert sind, der Punkt ist doch dabei gar nicht "de-
> terminiert" oder "indeterminiert", der ausschlagge-
> bende Punkt ist vielmehr: Keine Kontrolle.

Wir haben ja Kontrolle über unser Denken, Entscheiden und Handeln. Das habe ich in obigen Beitrag an
@Nanna versucht zu beschreiben.

>> Im praktischen Leben hat es nun meiner Ansicht
>> nach keine große Bedeutung, ob wir jetzt
>> unausweichlich festgelegt sind oder nicht, weil wir
>> uns offensichtlich als frei sehen und auch mei-
>> stens rational begründen können, warum wir so
>> und nicht anders gehandelt haben.
>
> Hier unterschlägst Du nun den Unterschied zwi-
> schen: "Unsere Entscheidungen und Handlungen
> sind unausweichlich auch durch unsere Wün-
> sche/Absichten/Überlegungen/Ansichten/ Meinun-
> gen festgelegt" und "unsere Entscheidungen und
> Handlungen sind unausweichlich festgelegt, aber
> unsere Wünsche/Absichten/Überlegungen/ Ansich-
> ten/Meinungen spielen dabei keine Rolle".
>
> Das aber scheint mir nun ein sehr wesentlicher Un-
> terschied zu sein. Wenn unsere Entscheidungen un-
> ausweichlich festgelegt sind und dabei unsere Wün-
> sche/Absichten/Überlegungen/Ansichten/ Meinun-
> gen eine große Rolle spielen, dann ist prima facie
> wenig einsichtig, was daran dann unfrei sein sollte.
> Es fällt auch schwer, zu sehen, wie eine bessere Al-
> ternative für einen plausiblen Freiheitsbegriff ausse-
> hen könnte. Schwer vorstellbar, inwiefern Zufall
> und/oder Irrationalität notwendige Bedingungen für
> einen Freiheitsbegriff, der etwas mit Verantwortung
> zu tun hat, sein könnten.

Wie ich an *@Vollbreit* schon geschrieben habe: Ich
kenne und akzeptiere das "Gefühl" der Freiheit, obwohl ich vermute, dass ich vollständig determiniert
bin. Es sieht zwar auf den ersten Blick wie ein Wider-
spruch aus – aber dieses "Gefühl" der Freiheit lässt
sich nicht aus der Welt schaffen. Das will ich auch gar
nicht. Ich habe auch keine Alternative für einen plausi-
blen Freiheitsbegriff. Ich sehe ihn wahrscheinlich genauso wie du und andere hier: **Freiheit bedeutet für
mich, ohne innere und äußere Zwänge denken, ent-**

scheiden und handeln zu können. Dieser Freiheitsbegriff ist plausibel und alltagstauglich. Dass es sich
dabei immer nur um eine bedingte Freiheit handeln
kann, ist, denk ich, allen hier klar, oder?

Beitrag gepostet: Mi, 15.1.2014, 11:35

Vollbreit hat geschrieben:
>> Nein, ich kenne und akzeptiere das "Gefühl" der
>> Freiheit, obwohl ich vermute, dass ich vollständig
>> determiniert bin.
>> Ob ich jetzt dieses "Gefühl" der Freiheit, das jeder
>> in seinem praktischen Alltag erlebt, in der theore-
>> tischen Diskussion Freiheit an sich, relative Frei-
>> heit oder bedingte Freiheit nenne, ist meiner An-
>> sicht nach nur mehr ein Streit um Begriffe.
>

> Hier müssen wir aufpassen, denn auf der theoreti-
> schen Ebene sind Gefühle erst mal uninteressant.
> Philosophie ist immer Streit um Begriffe, aber damit
> keinesfalls bedeutungslos.
> An dieser Stelle geht es darum, dass man keinerlei
> Gefühl braucht um für die Existenz der Freiheit des
> Willens zu argumentieren.

Ich setze ja hier das Wort "Gefühl" vorsichtig unter An-
führungszeichen, weil es nicht mit anderen Gefühlen,
die wir haben, vergleichbar ist. Wenn Du von der Freiheit des Willens sprichst, dann brauchen wir wirklich
keinerlei Gefühl, um dafür zu argumentieren.

> Was Determinismus ist, ist oft einigermaßen klar,
> der Einfachheit halber macht man keine halben Sa-
> chen, sondern denkt sich – als Gedankenexperi-
> ment, ohne Anspruch darauf, dass es wirklich so ist
> – dass die Welt zu 100% determiniert ist, was in der
> Konsequenz heißt, dass mit dem Urknall bereits
> feststand, dass ich Dir jetzt genau diese Antwort

> schreibe. Mehr Determinismus geht also nicht. Das
> ist der eine Strang.

Okay.

> Den anderen hatten wir bereits: Freiheit ist, gemäß
> der eigenen Prämissen und ohne Zwang entscheiden
> zu können.
> Ob ich es also wichtig finde Dir zu antworten und
> wie ich meine Worte wähle, ist meine Entscheidung,
> ich sitze ja hier und überlege, was ich, wie, formu-
> lieren kann.
> Und weil ich nicht allwissend bin – dann wüsste ich,
> ob ich mich nicht doch irre, oder was genau ich
> schreiben muss, damit Du exakt verstehst, was ich
> sagen will und so weiter – probiere ich rum, nach
> bestem Wissen und Gewissen, jedes mal neu.
> Und trotzdem kann all mein Bemühen und der wei-
> tere Verlauf der Diskussion bereits minutiös festste-
> hen, aber ich weiß das nicht, Du auch nicht und
> auch sonst niemand.
> Gott könnte es wissen, aber unabhängig ob es ihn
> gibt oder nicht, auch davon hätten wir ja nichts.
> Also wurschteln wir rum, gewinnen immer mehr
> Einsichten, an guten Tagen und das ist erst mal un-
> ser „Schicksal" aber zugleich unsere Freiheit. Wir
> probieren, so wie wir es wollen, wenn wir scheitern,
> probieren wir anders, mal geben wir auf, mal haben
> wir Erfolg, mal sind wir gelangweilt.
> Ob wir Erfolg haben oder scheitern, steht seit 13,7
> Milliarden Jahren felsenfest, aber dieses Wissen
> können wir nicht anzapfen, also versuchen wir es
> mit dem Ausschnitt, den wir überblicken und „unser
> Wissen" nennen. Frei, aber determiniert.

Deine Formulierungskunst war erfolgreich: Ich verstehe exakt, was du meinst und sehe das genau so.
Bin ich jetzt Kompatibilist in deinen Augen?

Beitrag gepostet: Mi, 15.1.2014, 14:14

Vollbreit hat geschrieben:
>> Bin ich jetzt Kompatibilist in Deinen Augen?
>
> Ja, ich hoffe, Du empfindest das nicht als Makel.
> (Meine ich nicht ironisch, ich bin mit dem Kompati-
> bilismus auch lange nicht richtig warm geworden.)

Nein, überhaupt nicht. Es ist ja "nur" eine Bezeichnung
für eine philosophische Position. Was mir wichtig ist,
dass ich dabei Determinist bleiben kann, weil ich den-
ke/vermute, dass der Determinismus in unserer mesokosmischen Lebenswelt zu 100% richtig ist.

Beitrag gepostet: Do, 16.1.2014, 09:40

AgentProvocateur hat geschrieben:
>> Ich bestreite ja gar nicht, dass es so etwas wie
>> Freiheit gibt. Vielleicht könnten wir sie *bedingte*
>> *Freiheit* nennen – das wäre eine Bezeichnung, mit
>> der ich als harter Determinist einverstanden wäre.
>
> Um Begriffe will ich mich nicht streiten, wir können
> gerne "bedingte Freiheit" von "unbedingter Freiheit"
> unterscheiden – wobei mir jedoch nicht klar ist, was
> "unbedingte Freiheit" überhaupt bedeuten könnte,
> ich halte das nach wie vor für einen leeren Begriff.
> Nur "bedingte Freiheit" ist mE sinnvoll.

Ich bin froh, dass wir uns auf "bedingte Freiheit" einigen können. "Unbedingte Freiheit" im Sinne von abso-
lut frei von irgendwelchen Einflussfaktoren beim Denken, Entscheiden und Handeln kann es auch aus meiner Sicht nicht geben und ist damit ein leerer, sinnlo-
ser Begriff. Da stimmen wir vollkommen überein.

> Ja, aber wir sind uns erst dann völlig einig, wenn Du

> auf Behauptungen derart: "Freiheit ist eine Illusion"
> und "unbedingte Freiheit ist eine notwendige Vor-
> aussetzung für gerechtfertigte Verantwortungs-
> /Schuldzuweisung" im Weiteren verzichtest.

Gerne verzichte ich darauf, weil mir erst im Laufe der Diskussion bewusst geworden ist, wie sehr die Begriffe *"Freiheit"* und *"Verantwortung"* zusammenhängen. Von *moralischer Schuld* spreche ich persönlich in meinem Umfeld zwar ungern, weil der Begriff mit "religiöser Patina" (© by @Nanna) überzogen ist, aber hier in dieser Diskussion soll das kein Problem sein.

Beitrag gepostet: Do, 16.1.2014, 11:27

Nanna hat geschrieben:
> Wir sind uns ja einig, zumindest im Rahmen einer
> Arbeitshypothese, dass die Welt über die Zeit ein
> Geflecht ineinander verwobener deterministischer
> Prozesse ist.

Ja, diese Arbeitshypothese habe ich als *harter Deter-minist.* Ich spreche ja von unausweichlichen Ursache-Wirkungs–Zusammenhängen und Kausalketten in unserer komplexen dynamischen Lebenswelt (die *Quan-tenwelt* dabei einmal ausgenommen). Deine Formulierung, *die Welt sei über die Zeit ein Geflecht ineinander verwobener deterministischer Prozesse* gefällt mir sehr gut.

> Wir sind uns – anscheinend – auch einig, dass der
> Ort eines deterministischen Prozesses relevant ist:
> Es macht einen Unterschied, ob ein deterministi-
> scher Prozess in China einen Sack Reis umfallen
> lässt, während ich in Deutschland in der Eisdiele sit-
> ze und über meine Eisbecherwahl nachdenke, oder
> ob der deterministische Prozess, der uns gerade in-
> teressiert, sich zu einem wesentlichen Teil innerhalb
> der Grenzen meines Ich, also physisch im für die

92

> Ich-Generierung relevanten Teil in meinem Gehirn
> stattfindet.

Wobei man hier berücksichtigen/erwähnen sollte, dass auch (und vor allem) Berichte/Nachrichten über *wichtige* Ereignisse in entfernten Orten einen erheblichen Einfluss auf unser Denken, Entscheiden und Handeln haben können in dem Moment, wenn wir in einem Massenmedium (Buch, TV, Zeitung, Internet) darüber lesen oder von anderen Menschen davon erfahren. Solche Berichte/Nachrichten können uns über Tage/Wochen beeinflussen (zB eine Naturkatastrophe, ein AKW-Unfall, ein politisches Attentat usw.). Es ist ein faszinierender Gedanke, dass <u>auch</u> dieses weltweite Geflecht ineinander verwobener kontingenter *Informationsprozesse* über die Zeit determiniert sein könnte.

Die Frage, die ich mir persönlich in diesem Zusammenhang immer wieder stelle ist, welche von den unzählbar vielen Informationen ist so wichtig/relevant, dass ich mich damit näher auseinandersetzen sollte. Rückblickend ist es immer ein scheinbar "zufälliger" Zick-Zack-Kurs in einem uferlosen Meer an Information/Wissen. Aber genau dieser mediale/kulturelle "Zick-Zack-Kurs" ist es, der unser denkendes/ reflektierendes "Ich" prägt und zu dem macht, was wir sind.

> Dass das Ich nicht voraussetzungslos ist, da sind wir
> uns auch einig, wobei das dem Ich-Sein erstmal
> überhaupt keinen Abbruch tut. Ich bin wie ich bin,
> ob das jetzt aus reinem Zufall oder wegen kontin-
> genter* deterministischer Prozesse so ist, ändert
> daran rein gar nichts, dass Ich jetzt bin und handle,
> entscheide, reflektiere, Gründe abwäge, etc.

Ja genau. So sehe ich das auch.

Beitrag gepostet: Fr, 17.1.2014, 10:21

93

AgentProvocateur hat geschrieben:
>> Von moralischer Schuld spreche ich persönlich in
>> meinem Umfeld zwar ungern, weil der Begriff mit
>> "religiöser Patina" (© by @Nanna) überzogen ist,
>> aber hier in dieser Diskussion soll das kein Pro-
>> blem sein.
>
> Nur ein moralischer/ethischer Nihilist kann mE auf
> den Begriff "moralische Schuld" verzichten. Wenn
> man meint, dass dieser Begriff nicht ohne "religöse
> Patina" denkbar wäre, d.h. ohne religiösen Bezug
> keinen Sinn ergäbe, dann folgt daraus unweigerlich
> moralischer/ethischer Nihilismus.

Es hat zwar mAn nicht viel mit diesem Thema zu tun
("Moral/Ethik" ist zwar ein interessantes aber aus-
uferndes Thema, mit dem ich mich noch nicht besonders intensiv beschäftigt habe) und schon gar nicht
will ich mit dir darüber streiten, deshalb nur kurz:
Wenn du mit moralischen/ethischen Nihilismus
meinst, dass es nichts gibt, was mich verbindlich dazu
verleiten könnte moralisch zu handeln bzw. einer Moral zu folgen, dann bin ich <u>kein</u> moralischer/ethischer
Nihilist. Natürlich habe ich bei meinem Denken, Entscheiden und Handeln bewusste und unbewusste Bewertungsprinzipien, die mir eine Richtung vorgeben.
Diese ganz persönlichen Bewertungsprinzipien sind in
meinem individuellen Leben so und nicht anders entstanden und haben – im Gegensatz zu religiösen *moralischen* Bewertungsprinzipien/Regeln/Gebote – <u>kei-
nen</u> allgemein gültigen Wahrheitsanspruch. Deshalb
benutze ich das Wort *"moralische Schuld"* nicht gerne,
weil es mich an die religiös verstandenen Bewertungs-
prinzipien/Regeln/Gebote erinnert. Selbstverständlich
sage ich im Alltag öfters "Du bist schuld, weil das oder
das geschehen ist" – aber da meine ich "Schuld" eher
als Ursache.

> Noch weniger einsichtig ist mir, (über Pro und Con-

> tra von moralischem/ethischem Nihilismus könnte
> man sich ja noch streiten), wie man auf den Begriff
> "juristische Schuld" verzichten könnte und gleich-
> zeitig aber Verantwortungszuweisungen für sinnvoll
> hält. Hat Herr Müller oder Herr Meier Frau Schmidt
> erstochen, ist Herr Müller oder Herr Meier juristisch
> schuld, d.h. verantwortlich für Frau Schmidts Tod?
> Anders gesagt: "Juristische Schuld" und "Verantwor-
> tung" hängen eng zusammen, wenn es Zweiteres
> geben kann und/soll, dann auch unausweichlich
> Zweiteres, (weil "juristische Schuld" nichts anderes
> bedeutet als: "Verantwortlich für einen juristisch
> sanktionierten Normverstoß").

Ich habe ja von *moralischer* Schuld gesprochen und
nicht von *juristischer* Schuld, die es selbstverständlich
gibt/geben muss, weil es gesellschaftlich verhandelte
allgemeine ethische Regeln/Normen/Gesetze gibt.

Beitrag gepostet: Fr, 17.1.2014, 17:48

Vollbreit hat geschrieben:
>> Was mir wichtig ist, dass ich dabei Determinist
>> bleiben kann, weil ich denke/vermute, dass der
>> Determinismus in unserer mesokosmischen Le-
>> benswelt zu 100% richtig ist.
>
> Das ist eine darüber hinausgehende Frage. Schwer
> zu sagen. Wenn man den Kompatibilismus mal ver
> standen hat, liegt die Schwierigkeit eigentlich darin,
> sich vorzustellen, wie es freien Willen in einer nicht
> determinierten Welt geben kann, denn jeder Zufall
> sorgt ja eigentlich dafür, dass der Wille in seiner
> Freiheit eingeschränkt ist, zumindest die Handlung.
> Dennoch glaube ich nicht an eine komplett determi-
> nierte Welt, was aber wiederum davon abhängt, was
> man unter Determinismus versteht.

@AgentProvocateur hat eine Definition von Determi-

nismus vorgeschlagen, der ich zustimmen kann: *"Eine Welt ist dann determiniert, wenn alle Ereignisse in ihr (hypothetisch) eindeutig auf einen vorherigen Weltzustand und auf (Natur)-Gesetzmäßigkeiten zurückgeführt werden können."*
Und @Nanna hat oben sehr gut formuliert: *"Wir sind uns ja einig, zumindest im Rahmen einer Arbeitshypothese, dass die Welt über die Zeit ein Geflecht ineinander verwobener deterministischer Prozesse ist."* Er hat auch meiner Ansicht nach richtig darauf hingewiesen, dass "Zufälle" im Alltag kontingente Prozesse sind:
"Kontingenz: Darunter verstehe ich unabhängige Entwicklungsstränge, die sich ungezielt treffen, auch wenn das Gesamtsystem determiniert ist. (...)"

Ich denke, dass auch ein *objektiver Quanten-Zufall* (falls es ihn überhaupt gibt) in unserer Alltagswelt überhaupt keine Auswirkungen bzw. keinen Einfluss hat und es daher wirklich <u>keinen</u> Zufall gibt. Deshalb ist meine Arbeitshypothese, dass das Gesamtsystem "Lebenswelt" mit all den vernetzten komplexen dynamischen Prozessen darin vollständig und unausweichlich determiniert ist.
Dieser *harte Determinismus* ist nun mit dem *freien Willen* kompatibel, wie ich im Laufe dieser Diskussion erkannt habe. D.h. es gibt eine bedingte Freiheit in unserem Wollen, Denken, Entscheiden und Handeln. Oder anders ausgedrückt: Es gibt für uns bewusst lebende Lebewesen einen (bedingt) freien Willen und (bedingt) freie Gedanken-, Entscheidungs- und Handlungsfreiheit, obwohl die Welt determiniert ist.

Beitrag gepostet: Sa, 18.1.2014, 17:25

AgentProvocateur hat geschrieben:
>> Selbstverständlich sage ich im Alltag öfter "Du
>> bist schuld, weil das oder das geschehen ist" –
>> aber da meine ich "Schuld" eher als Ursache.
>

> Mein übliches Gegenbeispiel dazu ist dieses: Ange-
> nommen, A hasste C derart, dass A C töten wolle.
> Nun befänden sich A und C in einer U-Bahn-Station,
> nahe des Gleises. A schubste nun, mit der Absicht,
> C zu töten, einen unbeteiligten Passanten B auf C,
> so dass C unter die einfahrende U-Bahn geräte und
> stürbe. Was wäre in dem Falle die direkte kausale
> Ursache für C's Tod? Doch wohl B, B wäre kausal
> verantwortlich für C's Tod. Wäre B nicht auf C gefal-
> len, dann wäre C nicht unter die U-Bahn geraten,
> (wenn wir andere Umstände mal ausklammern, dass
> z.B. C gestolpert wäre und so unter die U-Bahn ge-
> raten wäre).
>
> Ist aber nun B moralisch verantwortlich für C's Tod,
> weil B die direkte kausale Ursache war? Oder ist A
> moralisch verantwortlich für C's Tod, weil A zwar
> nicht die direkte kausale Ursache für den Tod von C
> war, aber B mit voller Absicht so geschubst hat, dass
> B auf C fiel, und C daraufhin starb?
>
> Soll man hier nur die kausale Verantwortung (= di-
> rekte Ursache) in Betracht ziehen (also B und nicht A
> für verantwortlich halten) oder besser die morali-
> sche Verantwortung (also A für verantwortlich und B
> nicht für verantwortlich halten)?

Bei dieser Ursachenkette meine ich selbstverständlich
auch (wie jeder Richter), dass A für C's Tod verantwortlich und B unschuldig ist, weil er ja nur ein unbe-
teiligter Passant war, der angeschubst wurde. Die juri-
stische und moralisch/ethische Sachlage ist bei diesem Beispiel relativ klar. D.h. es reicht oft nicht, nur
die direkte Ursache zu berücksichtigen, sondern man
muss immer auch eine mögliche Ursachenkette unter-
suchen. Das ergibt sich je nach Ereignis aus dem
(manchmal komplizierten) Zusammenhang.

Beitrag gepostet: So, 19.1.2014, 12:44

> Woraus folgt, dass Du mit (juristischer und morali-
> scher/ethischer) "Schuld" nicht einfach nur (direkte)
> "Ursache" meinen kannst. Nicht?

Ja, ich erkenne aber im Alltag durchaus, wenn nur <u>eine</u> direkte Ursache oder eine Ursachenkette vorliegt – und gehe mit einer "Schuld"-Zuweisung dementsprechend vorsichtig um.

Beitrag gepostet: Mo, 20.1.2014, 10:54

AgentProvocateur hat geschrieben:
> Welche Kriterien legst Du dabei an? Die üblichen
> (z.B. jemand hat etwas absichtlich und kontrolliert
> gemacht) oder noch andere, die irgendwie was mit
> Determinismus zu tun haben?

Ich habe zwar den Gedanken des Determinismus meis-tens im Hinterkopf, aber im Alltag lege ich wohl nur die üblichen Kriterien an: Wenn jemand zB etwas ab-sichtlich/kontrolliert zerstört, was mir etwas bedeutet, dann werde ich ihn eher moralisch/ethisch "verurtei-len" als wenn jemand nur aus Unachtsamkeit unab-sichtlich etwas zerstört. Es mag zwar unausweichlich festgestanden sein, dass etwas zerstört wurde – aber ich lege da zusätzlich keinen Sinn/keine Bedeutung in die Angelegenheit hinein.

> Noch was: Verantwortung kann nach üblicher Auf-
> fassung auch dann vorliegen, wenn jemand nicht
> Teil einer Kausalkette war, d.h.: keine (direkte oder
> indirekte) Ursache für ein Geschehen war. Ich möch-
> te nun keine exakte Definition für Kausalität und Ur-
> sache vorlegen, es reicht hier, wenn wir uns darauf
> einigen können, dass eine kausale Ursache nur et-
> was sein kann, das in der Kausalkette notwendig
> vorkommt; anders (und abstrakt) gesagt: X kann

> keine kausale Ursache für das Auftreten des Erei-
> gnisses E sein, falls E genauso auch aufgetreten wä-
> re, falls – ansonsten alles gleich – es X nicht gege-
> ben hätte.
>
> Konkretes Beispiel: P lässt einen unmündigen
> Schutzbefohlenen S, der sich nicht selber versorgen
> kann, verhungern. In dem Falle wäre P weder eine
> direkte noch eine indirekte kausale Ursache für den
> Hungertod von S. Dennoch aber würde man P als
> moralisch verantwortlich für den Tod von S ansehen.
>
> Würdest das in einem solchen Falle anders sehen als
> gewöhnlich: dass P nicht moralisch verantwortlich
> für den Tod von S wäre, weil P kein Teil der
> Kausalkette war, die zu S Tod geführt hat?

Bei diesem Beispiel kommt es meiner Ansicht nach
darauf an, wo man die "Systemgrenzen" zieht, um
festzustellen, ob es sich um eine direkte/indirekte
kausale Ursache für den Hungertod von S handelt oder
nicht. Wenn P sich um S kümmern musste, dann gehört er mE zum "System PS" dazu und ist auch indirek-
te Ursache für den Hungertod von S. Auf jeden Fall ist
P moralisch/juristisch verantwortlich für den Tod von
S, auch wenn er nicht die direkte/indirekte Ursache
dafür ist.

Beitrag gepostet: Mo, 20.1.2014, 17:21

Vollbreit hat geschrieben:
> (...), mich interessiert obendrein die Obergrenze:
> Gibt es einen Weg aus dem Wollen heraus und was
> würde das bedeuten?
> Einen Rückfall auf die Tierstufe? Ich weiß, das ist
> nicht Dein Thema, darum erwähne ich es nur kurz,
> mich fasziniert hier seit langem die Antwort der
> Mystiker, die sinngemäß sagen, der Gipfel der Frei-
> heit und der Zufriedenheit liege darin, das (egozen-

> trische) Wollen zu überwinden und sozusagen mit
> seiner Bestimmung/Determination eins zu werden.

Paul Watzlawick hat in einem Interview einmal das Bild einer Magnetnadel beschrieben. Er empfinde sich manchmal ganz bescheiden als eine vibrierende, in einem Magnetfeld ruhende Magnetnadel, die sich einfach einspielen will auf "höhere" Kräfte, die der Magnetnadel vollkommen unverständlich sind. Die Magnetnadel spielt sich ein, steht dann – und es stimmt. Er versuchte damit eine Beziehung der Harmonie zwischen sich und der Welt auszudrücken. Auf das Erlebnis dieses "Stimmens" komme es an. Er erwähnte dann noch *Wittgenstein*, der in seinem *Tractatus* geschrieben hat: *"Die Lösung des Problems des Lebens merkt man am Verschwinden dieses Problems."*
Wenn man jetzt unter "höhere" Kräfte nicht etwas Übernatürliches versteht, sondern den harten natürlichen Determinismus der Lebenswelt, dann kann die ruhende Magnetnadel auch als Sinnbild für den Gipfel der Freiheit und Zufriedenheit stehen.

> Nun ist ein harter Determinismus auch zu naturali-
> stischen Bedingungen zu haben, allein ich glaube
> nicht an einen starren „Seit dem Urknall läuft
> unerbittlich die Uhr ab und dass ich mich jetzt am
> Kopf kratze steht seit Milliarden Jahren fest"–
> Determinismus, auch wenn der meine Freiheit nicht
> kassieren würde.

Also ich fühle mich mit dem harten Determinismus zu naturalistischen Bedingungen sehr wohl, seit ich erkannt habe, dass ich gleichzeitig auch frei und verantwortlich bleiben kann ;-)

Beitrag gepostet: Di, 28.1.2014, 20:10

ganimed hat geschrieben:
> Für mich bedeutet der Begriff Freiheit unter ande-

100

> rem Unabhängigkeit. Wenn ich immer genau das
> entscheide, was die Situation mir vorgibt, dann bin
> ich abhängig von der Situation. Abhängigkeit = Un-
> freiheit. (...) zur Freiheit fehlt mir noch Unabhängig-
> keit.

Ich habe mich als harter Determinist weiter oben im
Thread in der Diskussion mit *@AgentProvocateur* auf
den Begriff *bedingte Freiheit* geeinigt, weil wir niemals
unabhängig von Einflussfaktoren denken, entscheiden
und handeln können. D.h. Unabhängigkeit kann es in
einer kausal determinierten Welt mE nicht geben. Aber
– soweit ich es verstanden habe – verlangen Kompatibilisten diese Art von Unabhängigkeit auch gar nicht.

Beitrag gepostet: Mi, 29.1.2014, 10:29

ganimed hat geschrieben:
> Vielleicht sollte man diesen Kompromiss als einen
> Erfolg feiern und sich um Frieden bemühen. Aber
> ich habe einen schlechten Charakter und bin immer
> noch nicht so ganz zufrieden mit dem Begriff
> "bedingte Freiheit". Im Determinismus, wenn wir ihn
> mal unterstellen, sind unsere Entscheidungen voll-
> ständig kausal bedingt. Insofern kann ich das "be-
> dingt" von bedingte Freiheit verstehen. Woher
> kommt die Freiheit? Freiheit von was?

Als harter Determinist verstehe ich Deine "Unzufrie-
denheit" mit dem Begriff *Freiheit*. Für mich ist er im
Grunde auch irreführend und letztendlich eine Illusion,
wenn man den Determinismus konsequent zu Ende
denkt. Das Paradoxe an der Situation ist aber, dass ich
mich trotzdem irgendwie als freies Wesen empfinde,
das Denk-, Entscheidungs- und Handlungsfreiheit
scheinbar besitzt. D.h. ich habe den Eindruck/das
"Gefühl" von Freiheit, obwohl mir bewusst ist, dass
mich dieser Eindruck/dieses "Gefühl" wahrscheinlich
täuscht. Dieses Paradoxon lässt sich nicht einfach auf-

lösen und ist tief in uns verwurzelt.

Außerdem habe ich im Laufe der Diskussion gelernt, dass der Begriff *Freiheit* sehr an den Begriff *Verantwortung* gekoppelt ist, ohne den wir im gesellschaftlichen Zusammenleben nur schwer auskommen können. Nur wer (bedingt) frei denken, entscheiden und handeln kann, ist auch (bedingt) verantwortlich für seine Entscheidungen/Handlungen. Ohne Freiheit kann es keine Verantwortung geben. Ich fühle mich aber verantwortlich für mein Denken/Entscheiden/Handeln. Deshalb habe ich für mich persönlich beschlossen, mit den Kompatibilisten hier Frieden zu schließen und mich auf den Begriff *bedingte Freiheit* zu einigen.

>> D.h. Unabhängigkeit kann es in einer kausal de-
>> terminierten Welt mE nicht geben. Aber – soweit
>> ich es verstanden habe – verlangen Kompatibili-
>> sten diese Art von Unabhängigkeit auch gar nicht.
>
> Ich fürchte auch. Sie verlangen genau das nicht, was
> nicht da ist. Denn sie machen den ganzen Zinnober,
> das unterstelle ich zumindest immer, ja nur deshalb,
> um ihr Ergebnis herauszubekommen. Biege die Ar-
> gumente und Begriffe solange zurecht, bis man sa-
> gen kann: Der Mensch hat einen freien Willen. Das
> bedeutet in diesem Fall, dass Abhängigkeit plötzlich
> zu Freiheit umgemodelt wird. Ganz erstaunlich.

Mein Wille ist abhängig von unzählbaren inneren und äußeren Einflussfaktoren. Meine bedingte Freiheit liegt mE jetzt darin, dass mein Wille sich ohne inneren oder äußeren Zwang ausleben kann. Dieses "Ausleben" empfinde ich dann als frei, wenn meinem Willen nichts entgegengesetzt wird. Ich kann dann also denken/entscheiden/handeln wie ich will. Der Wille ist also an sich <u>nicht</u> frei, sondern "Ich" bin es, wenn ich meinen Willen durchsetzen kann. Deshalb ist die Rede von "freiem Willen" etwas irreführend, denn der kann in einer determinierten Welt ganz offensichtlich nicht frei

sein. Für mich ist die ganze Diskussion "Kompatibilismus <-> Inkompatibilismus" auch deshalb unbefrie-
digend, weil sich, wie Du richtig sagst, jeder seine Ar-
gumente und Begriffe so hinbiegt, bis sie irgendwie
passen. Dass es da oft zu Missverständnissen kommt,
ist meiner Ansicht nach klar und unvermeidlich.

Beitrag gepostet: Mi, 29.1.2014, 14:58

Nanna hat geschrieben:
> Kurze Anmerkung dazu: Begriffe sind, das ist For-
> schungsstand der Linguistik seit rund hundert Jah-
> ren und seit der linguistischen Wende ein Allge-
> meinplatz in Philosophie und Geisteswissenschaften
> (und in den Naturwissenschaften nur deshalb nicht,
> weil Sprache nicht deren Untersuchungsgegenstand
> ist), keine feststehenden Dinge, die irgendeine be-
> stimmte Essenz haben. Anders gesagt, es gibt für
> das Wort "Freiheit" keine Bedeutung, die mehr oder
> weniger wahr ist, es gibt erst mal nur unterschiedli-
> che Definitionen dieses Begriffes und wenn man mit
> ihm operiert, muss man (notfalls jedes Mal) genau
> erläutern, was man damit meint. Man kann dann an-
> schließend das Netz der Begriffe auf logische Konsi-
> stenz prüfen und überprüfen, ob in der Realität das
> herauskommt, was man projiziert hat. Manche Mo-
> delle kann man allerdings nur auf interne Konsi-
> stenz prüfen, wofür übrigens die Mathematik ein
> gutes Beispiel ist, die komplett selbstreferenziell ist
> und wo man auch jedes Mal genau definieren muss
> "Sei x...". Es ist nicht ohne Grund, dass *Vollbreit*,
> *Agent* und ich daher immer wieder fragen "Was
> meinst du, wenn du 'Freiheit' [ersetze durch beliebi-
> gen Begriff] sagst?".
> Ich habe den Eindruck, dass mit der Erkenntnis,
> dass man nicht einfach eine statische Wirklichkeit
> "ansehen" und mit Begriffs-Zettelchen bekleben
> kann, bei vielen erst mal eine gewisse Enttäuschung
> einhergeht. Es ist aber wichtig, dass man das ver-

> steht und dass man realisiert, dass das "Hinbiegen"
> von Begriffen (ich würde eher von etwas wie z.B. ei-
> nem "plausiblen Definieren" sprechen) kein Zeichen
> schlechter Diskussionsqualität ist, sondern
> schlichtweg der unabänderliche Normalzustand.
> Entscheidend ist, dass man seine Herleitungen und
> Definitionen offen legt und komplett transparent
> macht, damit die anderen Diskussionsteilnehmer die
> Zusammenhänge prüfen und Fehler finden können,
> denn das alles heißt ja nicht, dass man einfach ir-
> gendwas beliebiges behaupten kann.

Das habe ich alles verstanden und finde es auch wichtig, gewisse Begriffe möglichst klar zu definieren, damit jeder weiß wovon die Rede ist. Gerade aber *Freiheit* ist im Zusammenhang mit *hartem Determinismus*
mE ein schwieriger Begriff, der es nicht gerade einfach
macht, ihn wirklich zu verstehen und zu definieren.

Ich habe es ja weiter vorne im Thread schon versucht:
**Freiheit bedeutet für mich, ohne inneren und äuße-
ren Zwang denken, entscheiden und handeln zu
können.** Nun müssten wir auch noch *Zwang* definieren. Zwang könnte für Beeinflussung oder Druck stehen. Wenn wir jetzt diese Definition(en) hernehmen,
dann kann es die so definierte Freiheit in einer determinierten Welt nicht geben, weil wir ständig von inneren (Gehirnaktivitäten) und äußeren (komplexe dynamische Umwelt) Faktoren in unserem Denken, Entscheiden und Handeln beeinflusst werden. Also habe
ich den Begriff *bedingte Freiheit* als Kompromiss vorgeschlagen, um auszudrücken, dass es eben immer
Bedingtheiten in unserem Denken/Entscheiden/ Handeln gibt. *Ganimed* ist aber scheinbar noch immer un-
zufrieden mit diesem Kompromiss, weil das Wort *Freiheit* noch immer drin steckt. Du siehst also, dass wir
trotz Definitionsversuche nicht auf einen grünen Zweig
kommen.

Beitrag gepostet: Do, 30.1.2014, 10:23

AgentProvocateur hat geschrieben:
>> Als harter Determinist verstehe ich Deine "Unzu-
>> friedenheit" mit dem Begriff Freiheit. Für mich ist
>> er im Grunde auch irreführend und letztendlich ei-
>> ne Illusion, wenn man den Determinismus konse-
>> quent zu Ende denkt. Das Paradoxe an der Situati-
>> on ist aber, dass ich mich trotzdem irgendwie als
>> freies Wesen empfinde, das Denk-, Entschei-
>> dungs- und Handlungsfreiheit scheinbar besitzt.
>> D.h. ich habe den Eindruck/das "Gefühl" von Frei-
>> heit, obwohl mir bewusst ist, dass mich dieser
>> Eindruck/dieses "Gefühl" wahrscheinlich täuscht.
>
> Inwiefern eine Illusion, inwiefern täuscht Dich Dein
> Eindruck? Wie ist Dein Eindruck, Dein Gefühl genau,
> wenn Du Dich als freies Wesen empfindest? Hast Du
> das Gefühl, dass Du selber denken, abwägen und
> entscheiden kannst, es oft zu großen Teilen an Dir
> liegt, für was Du Dich entscheidest und tust? Was
> soweit aber noch nichts mit Determinismus zu tun
> hätte.
>
> Worin liegt nun die Illusion, die Täuschung, was
> empfindest Du, was mit Determinismus nicht ver-
> einbar ist?

Wenn der Determinismus vermutlich wahr ist, dann
vermute ich auch folgendes: Es gibt für jede bewusste
Entscheidung/Handlung bestimmte Beweggründe, also
Motive, Wünsche, Überzeugungen, Neigungen und
Umstände, die alle natürlichen Gesetzen gehorchen –
auch wenn wir inne halten, wohl überlegt beurteilen,
reflektieren und abwägen vor einer Entschei-
dung/Handlung. Denn auch bewusste Gedanken,
Überlegungen und Reflexionen spielen sich nicht irgendwo im luftleeren Raum ab, sondern sind im Gehirn neurobiologisch kodiert und festgelegt durch unzählige Einflussfaktoren. Aus dieser Vermutung folgt

für mich, dass es keine absolute/bedingungslose Freiheit geben kann, weil jeder Mensch untrennbarer Teil der determinierten Welt ist und nicht außerhalb stehen kann.

Diesen Gedanken habe ich ständig im Hinterkopf – und darin liegt für mich vielleicht auch die Illusion/die Täuschung/das Paradoxon, wenn ich mir dann sage, dass ich trotzdem ein bedingt freies Wesen bin, das relativ frei denken, entscheiden und handeln kann. Ja, mein Eindruck ist, dass ich selber denken, abwägen und entscheiden kann, aber könnte ich mir das auch nur einbilden? Spüre ich diese inneren und äußeren Einflüsse und Abhängigkeiten nur nicht als Zwang? Wie sollte ich das feststellen? Ich vermute, dass ich es eben nicht feststellen/überprüfen kann, ob ich einer Täuschung/Illusion unterliege oder nicht.

Im Alltag spielen solche Überlegungen natürlich kaum eine Rolle, weil ich da meist eingebunden bin in gut trainierten Ablaufroutinen und meine Entscheidungen meistens schnell treffe. Nur bei schwierigen Entscheidungen und beim Nachdenken über philosophische Themen kommt mir öfters der Gedanke, dass auch überlegtes Beurteilen, Reflektieren und Abwägen determiniert sein könnte – wir es aber gar nicht merken (können).

Wie gesagt, das sind nur Vermutungen. Und ich will mich da auch nicht auf etwas versteifen. Wenn Du das anders siehst, dann respektiere ich das. Wir haben uns ja schon auf den Begriff *bedingte Freiheit* geeinigt. Vielleicht ist das schon der Kompromiss, mit dem jeder gut leben kann.

>> Meine bedingte Freiheit liegt mE jetzt darin, dass
>> mein Wille sich ohne inneren oder äußeren Zwang
>> ausleben kann. Dieses "Ausleben" empfinde ich
>> dann als frei, wenn meinem Willen nichts entge-
>> gengesetzt wird. Ich kann dann also denken/ ent-

>> scheiden/handeln wie ich will. Der Wille ist also an
>> sich <u>nicht</u> frei, sondern "Ich" bin es, wenn ich mei-
>> nen Willen durchsetzen kann.
>
> So ist es. (Genauer gesagt: Du hast dann Hand-
> lungsfreiheit. Willensfreiheit wäre, wenn Du Deine
> Entscheidungen hinreichend selber erzeugen
> kannst.)

Okay, dann sind wir uns da ja einig.

Beitrag gepostet: Do, 30.1.2014, 10:38

AgentProvocateur hat geschrieben:
>> **Freiheit bedeutet für mich, ohne inneren und**
>> **äußeren Zwang denken, entscheiden und han-**
>> **deln zu können.**
>
> Ja, der kompatibilistische Freiheitsbegriff. Was
> macht den schwierig zu verstehen im Zusammen-
> hang mit Determinismus?

Meine Schwierigkeiten damit habe ich im vorigen Beitrag versucht zu beschreiben.

>> Nun müssten wir auch noch *Zwang* definieren.
>> Zwang könnte für Beeinflussung oder Druck ste-
>> hen. Wenn wir jetzt diese Definition(en) herneh-
>> men, dann kann es die so definierte Freiheit in ei-
>> ner determinierten Welt nicht geben, weil wir stän-
>> dig von inneren (Gehirnaktivitäten) und äußeren
>> (komplexe dynamische Umwelt) Faktoren in unse-
>> rem Denken, Entscheiden und Handeln beeinflusst
>> werden.
>
> Der Kompatibilist meint aber mit "Zwang" nicht jede
> Beeinflussung, sondern das, was normalerweise un-
> ter "Zwang" verstanden wird. Ungefähr so, aus dem
> hohlen Bauch: "Zwang" sind für P diejenigen

> Sachverhalte, die P's Entscheidungen und/oder
> Handlungen wesentlich beeinflussen, die P jedoch
> unter Kenntnis der relevanten Umstände ablehnen
> würde.
>
> "Zwang" wird wohl allgemein als etwas Negatives
> angesehen, daher können im landläufigen Sinne
> nicht alle Beeinflussungen Zwang sein, denn nicht
> alle solche werden als negativ angesehen.

Ja, da gebe ich Dir Recht. Zwang wird als etwas Nega-
tives angesehen. Wenn innerer und äußerer Zwang
wegfällt, dann fühlen wir uns frei. Was ist aber mit den
anderen inneren und äußeren Einflussfaktoren, die unser Denken/Entscheiden/Handeln beeinflussen und
die wir nicht als Zwang erleben? Wie geht ein Kompatibilist damit um?

Beitrag gepostet: Do, 30.1.2014, 11:22

Vollbreit hat geschrieben:
>> Ja, da gebe ich Dir Recht. Zwang wird als etwas
>> Negatives angesehen. Wenn innerer und äußerer
>> Zwang wegfällt, dann fühlen wir uns frei. Was ist
>> aber mit den anderen inneren und äußeren
>> Einflussfaktoren, die unser Denken/Entscheiden/
>> Handeln beeinflussen und die wir nicht als Zwang
>> erleben? Wie geht ein Kompatibilist damit um?
>
> Entspannt.
> Irgendwelchen Einflussfaktoren unterliegen wir ja
> immer, bei allen Entscheidungen – sie determinieren
> unsere Entscheidungen. Und Freiheit und Determi-
> nismus schließen einander nicht aus.

Diese Entspanntheit habe ich offensichtlich noch nicht
ganz ;–)

> Aber konkret: Nehmen wir an, ein geschickter Ver-

> käufer hat das Ziel Dich zu etwas zu überreden,
> durch das er Geld verdient.
> Nun ist das, wozu er Dich „überreden" will aber tat-
> sächlich etwas, das Dich brennend interessiert und
> Du kaufst es ihm gerne ab.
> Warst Du nun einem Zwang durch geschickte
> Manipulation ausgesetzt oder hast Du freiwillig ent-
> schieden?
> Was meinst Du?

Ich würde sagen: Wenn mich etwas wirklich brennend
interessiert – aus welchen Gründen auch immer –
dann will ich es ja kaufen. Ich entscheide mich freiwil-
lig, ja. Der geschickte Verkäufer muss mich nicht dazu
"überreden". So gesehen bin ich keinem Zwang ausge-
setzt.

Aber woher kommt dieser Wille, dieses Produkt zu
kaufen? Woher kommen diese Gründe, dass mich genau dieses Produkt so brennend interessiert? Das sind
die Fragen – wenn man sie verallgemeinert –, die ich
mir manchmal stelle.

Beitrag gepostet: Do, 30.1.2014, 16:17

Vollbreit hat geschrieben:
> Und selbst wenn alles noch so haarklein determi-
> niert wäre: Für die Frage nach der Freiheit ist das
> irrelevant.
> Eigentlich hast Du den Sprung schon geschafft, es
> muss sich nur durch Gewohnheit festigen.

Ja, vielleicht habe ich den Sprung zum *Kompatibilimus*
schon geschafft. Im Alltag bin ich das schon immer
gewesen und werde es auch weiterhin sein – nur mein
reflektierendes Nachdenken über diese Frage verunsi-
chert mich noch von Zeit zu Zeit, weil ich überzeugter
Determinist bin. Wahrscheinlich muss sich bei mir die

kompatibilistische Position wirklich erst durch Ge-
wohnheit festigen.

Beitrag gepostet: Do, 30.1.2014, 16:33

stine hat geschrieben:
> Oh, darf ich ausnahmsweise mal auf eines meiner
> Flohhupferl verweisen, weil es so gut zum Thema
> passt?
> http://flohhupferl.de/vom-schicksal/

Dein Bild vom Wasserfall gefällt mir gut, weil es die
komplexe Dynamik unseres Lebens sehr schön veran-
schaulicht...

*"Wenn unser Leben also ein determinierter Wasserfall
wäre und wir als kleine Tröpfchen unser Schicksal in
die Hand nehmen könnten, dann würden wir sehr wohl
darüber entscheiden, ob wir uns treiben lassen wollen
oder einen kleinen Umweg machen möchten. Das Ziel
wäre vielleicht vorherbestimmt, aber der Weg dorthin
könnte beliebig variiert werden."*

... nur deiner Interpretation kann ich nicht ganz zustimmen. Ich denke, dass auch unsere tagtäglichen
konkreten Entscheidungen schon festgelegt sind und
unser Lebensweg nicht variiert werden kann. Ich bin
aber kein Fatalist, wie ich weiter vorne im Thread
schon betont habe, sondern einfach überzeugter Determinist, der sich von seinem Leben überraschen lassen will ;-)

Beitrag gepostet: Do, 30.1.2014, 17:56

Lumen hat geschrieben:
> Momentan zeichnet sich für mich ab, dass harter
> Determinismus und Kompabilitismus zwei unter-
> schiedliche, sich ausschließende Perspektiven sind.

110

> (...)
> Dieser Gegensatz lässt sich, wenn das so stimmt,
> nicht auflösen, da beide Perspektiven "richtig" sind.
> Die Frage ist, welche ist sinnvoller. Egal wie man
> "sinnvoll" definiert, Kompabilitismus dürfte das ge-
> winnen. Was mich nun interessiert, stimmt die Ein-
> schätzung der Positionen so (wie man darüber ur-
> teilt ist noch was anderes)?

Ich finde momentan auch, dass Kompatibilismus die "richtigere" und "sinnvollere" Perspektive ist – alleine schon deshalb, weil mir die beiden gekoppelten Begriffe *Freiheit* und *Verantwortung* im Alltag als wichtig erscheinen. Das alleine wäre für mich schon ein Grund, mich mit der kompatibilistischen Position anzufreunden.

Beitrag gepostet: Do, 30.1.2014, 21:08

stine hat geschrieben:
>> ...sondern einfach überzeugter Determinist, der
>> sich von seinem Leben überraschen lassen will
>
> Du glaubst also an das/dein "Schicksal"?

Mit Schicksalsgläubigkeit hat das mE weniger zu tun, weil ich mich als atheistischer Determinist von göttlicher Vorsehung und Fügung abgrenze. Es gibt für mich eben keine Instanz, ob Gottheit, Dämon oder eine andere Schicksalsmacht, die irgendwie in den Lebensprozess eingreifen könnte oder die diesen Lauf der Dinge absichtsvoll geplant, kontrolliert oder in Gang gesetzt hat. Für mich bleibt der Verlauf dieses natürlichen Prozesses offen, ungewiss und überraschend. Das gilt auch für mein individuelles Leben.

Beitrag gepostet: Do, 30.1.2014, 21:19

AgentProvocateur hat geschrieben:
>> Diesen Gedanken habe ich ständig im Hinterkopf –
>> und darin liegt für mich vielleicht auch die Illusi-
>> on/die Täuschung/das Paradoxon, wenn ich mir
>> dann sage, dass ich trotzdem ein bedingt freies
>> Wesen bin, das relativ frei denken, entscheiden
>> und handeln kann.
>
> Ich habe nun noch nicht verstanden, wo da eine Illu-
> sion, eine Täuschung, ein Paradoxon wäre. Du
> meinst, Du bist in der Lage dazu – zumindest in be-
> stimmten Situationen – eigene, reflektierte Ent-
> scheidungen zu treffen. Nun, da wird man sich wohl
> unbestritten das eine oder andere Mal auch irren,
> aber was hat das mit Determinismus zu tun?

Weil der Prozess, eigene und reflektierte Entscheidungen zu treffen, vielleicht auch determiniert sein kann.

> Und: Wenn die Fähigkeit, in einigen Situationen ei-
> gene, wohldurchdachte und reflektierte Entschei-
> dungen zu treffen, nicht Willensfreiheit ist und/oder
> noch nicht hinreichend für Willensfreiheit ist: Was ist
> sonst Willensfreiheit oder was muss zusätzlich noch
> hinzukommen? Und wenn das Willensfreiheit ist:
> Was hat Determinismus damit zu tun, inwiefern
> schränkt Determinismus diese Fähigkeit ein oder
> macht sie gar von Vorneherein unmöglich?

Der Determinismus schränkt weder die Willensfreiheit
ein noch macht er sie unmöglich. Der Wille könnte
aber determiniert sein. Ich kann zwar tun was ich will,
aber nicht wollen, was ich will – frei nach *Schopenhauer*.

Beitrag gepostet: Do, 30.1.2014, 21:37

112

AgentProvocateur hat geschrieben:
>> Ja, da gebe ich Dir Recht. Zwang wird als etwas
>> Negatives angesehen. Wenn innerer und äußerer
>> Zwang wegfällt, dann fühlen wir uns frei. Was ist
>> aber mit den anderen inneren und äußeren Ein-
>> flussfaktoren, die unser Denken/Entscheiden/
>> Handeln beeinflussen und die wir nicht als Zwang
>> erleben? Wie geht ein Kompatibilist damit um?
>
> Wieso und inwiefern sollte man äußere Einflussfak-
> toren als grundsätzliches Problem für Willensfreiheit
> ansehen, wieso sollten äußere Einflussfaktoren Will-
> lens- und/oder Handlungsfreiheit grundsätzlich ne-
> gativ beeinflussen? Das erscheint prima facie erst
> mal sehr unplausibel.

Da hast Du mich missverstanden. Ich habe von inneren
und äußeren Einflussfaktoren geschrieben, die unser
Denken/Entscheiden/Handeln beeinflussen und die
wir <u>nicht</u> als Zwang erleben, also eben <u>nicht</u> negativ
ansehen.

> Äußere Einflussfaktoren können die Willensfreiheit
> und/oder Handlungsfreiheit erhöhen, man denke
> z.B. an in einer Situation wesentliche Informationen,
> die eine informierte Entscheidung erst möglich ma-
> chen.

Ja, selbstverständlich können äußere Einflussfaktoren
die Willensfreiheit und/oder Handlungsfreiheit erhö-
hen. Das zweifle ich ja nicht an. Auf was ich hinaus
wollte, ist, dass diese unzähligen inneren und äußeren
Einflussfaktoren im Rahmen des gesamten Lebenspro-
zesses determiniert sind. Aber *Vollbreit*, der sehr ent-
spannt mit dem Determinismus umgeht, hat mich
schon überzeugt, dass Determinismus und Freiheit
einander nicht ausschließen. Ich muss mich nur noch
an diesen Gedanken gewöhnen...

Beitrag gepostet: Fr, 31.1.2014, 10:27

AgentProvocateur hat geschrieben:
>> Der Determinismus schränkt weder die Willens-
>> freiheit ein noch macht er sie unmöglich. Der Wille
>> könnte aber determiniert sein.
>
> Verstehe ich nicht. Wir gehen doch von einer deter-
> minierten Welt aus – in einer determinierten Welt ist
> alles determiniert; was ich will, ist ein Teil der Welt,
> also voraussetzungsgemäß ebenfalls determiniert.
> Und?

Hm – da gibt es kein "Und" mehr. Genau das, was du
jetzt geschrieben hast, wollte ich ausdrücken – mehr
nicht.

>> Ich kann zwar tun was ich will, aber nicht wollen,
>> was ich will – frei nach *Schopenhauer.*
>
> Den Spruch habe ich noch nie verstanden. Es gibt
> hier wohl 2 Lesarten: 1. "ich will nicht, was ich will"
> oder 2. "ich habe keinen Einfluss darauf, was ich
> will". Nach der ersten Lesart ist der Satz trivialerwei-
> se falsch, so falsch wie "ich tue nicht, was ich tue"
> oder "es gibt nicht das, was es gibt".
>
> Nach der 2. Lesart aber ist er erklärungsbedürftig.
> Nun muss man wohl berücksichtigen, dass Scho-
> penhauer unter "Wille" etwas anderes verstand als
> man heute darunter versteht, (nach Schopenhauer
> gibt es einen "Weltwillen"). Wenn wir aber das bei-
> seite lassen: Wieso sollte das wahr sein und was hat
> das mit Determinismus zu tun?

Ich interpretiere den Satz von *Schopenhauer* so wie
Vollbreit es mittlerweile geschrieben hat. Ich habe kei-
ne(n) Einfluss/Kontrolle/Macht auf die vielfältigen und
vernetzten determinierten Kausalketten, die zu meinen
Willen geführt haben. Ich kann ihn deshalb nicht än-

dern. Er ist einfach so, wie er ist. Ich kann ihn vielleicht manchmal reflektiert hinterfragen und versuchen, ihn mir bewusst zu machen. Aber auch dieses "Hinterfragen-wollen" gehört schon wieder zu meinem Willen und ist determiniert. Davon unberührt bleiben folgende Sätze meiner Ansicht nach wahr:
Ich kann denken, was ich will und habe daher Gedankenfreiheit.
Ich kann entscheiden, was ich will und habe daher Entscheidungsfreiheit.
Ich kann handeln, wie ich will und habe daher Handlungsfreiheit.

> Nehmen wir an, Fritz habe gerade sein Abitur ge-
> macht und auf die Frage hin, was er weiter tun will,
> würde er sagen: "weiß ich noch nicht, muss ich mir
> erst überlegen". Und man fragte ihn später nochmal
> und er sagte: "habe ich mir nun überlegt: ich will
> erst mal ein Jahr im Ausland verbringen und dann
> weiter schauen". Anscheinend hatte Fritz dann doch
> sehr Einfluss auf das, was er wollte, wieso sollte
> man hier annehmen, dass Fritz darauf keinen Ein-
> fluss hatte?

Weil auch das Überlegen, das zum Entschluss geführt hat, ein Jahr im Ausland zu verbringen, eine determinierte Vorgeschichte mit unzähligen Einflussfaktoren hat. Vielleicht hat Fritz einen Freund, der auch im Ausland war oder er hat etwas gelesen über die Möglichkeiten/Chancen, die man beruflich hat, wenn man Auslandserfahrung und Sprachkenntnisse hat usw. D.h. das Überlegen von mittel- bis langfristigen Zielen ist ein komplexer Gehirnprozess, in dem auf persönliche Erfahrungen, Erinnerungen und unbewusste Wünsche, Motive zurückgegriffen wird. Meine Vermutung ist nun, dass diese Gehirnprozesse, so wie alle anderen natürlichen Prozesse, unausweichlich festgelegt sind.

Beitrag gepostet: Fr, 31.1.2014, 12:22

stine hat geschrieben:
>> Für mich bleibt der Verlauf dieses natürlichen Pro-
>> zesses offen, ungewiss und überraschend.
>
> Unabhägig einer Gottheit: Schicksalshaft?
> Der sich zum absoluten Determinismus bekennende
> Naturalist ist eben in gewisser Weise auch ein
> Schicksalsgläubiger.

Ja, wenn Du so willst, dann bin ich in gewisser Weise
ein "Schicksalsgläubiger" – wobei der Begriff *Schicksal*
historisch sehr vorbelastet ist und auch in der Alltagssprache leicht zu Missverständnissen führen kann.

Wikipedia schreibt dazu:
„Schicksal (von altniederländisch schicksel, „Fakt")
oder Los (ahd., mhd. (h)lôʒ „Omen", „Orakel"), auch
fatum (lat.), moira (griech.), Kismet (von arabisch قسمة*,*
DMG qisma(t)), ist der Ablauf von Ereignissen im Leben
des Menschen, die als von göttlichen Mächten vorher-
bestimmt (geschickt) oder von Zufällen bewirkt ge-
dacht werden."

Nun glaube ich weder an eine göttliche Macht noch an
Zufälle. Deshalb verwende ich das Wort *Schicksal* nur
ungern.

Wikipedia schreibt weiter:
„Der Begriff Schicksal hat keine ihm zugrundeliegende
eindeutig wertende Bedeutung. Synonym wird das
Wort Los verwendet. Zumeist wird als Schicksal eine
Art höhere Macht begriffen, die ohne direktes
menschliches Zutun das Leben einer Person entschei-
dend beeinflusst. Beispiele: „Das Schicksal meint es
gut mit ihr", „Er wurde vom Schicksal dazu bestimmt",
„Das Schicksal nahm seinen Lauf" oder der Schicksals-
schlag. In diesem Sinne ist es der Inbegriff unpersönli-
cher Mächte. Weit verbreitet ist aber besonders die

Auffassung, man könne sein Schicksal beeinflussen;
daher wird auch davon gesprochen, „sein Schicksal zu
meistern" oder „sein Schicksal in die eigene Hand zu
nehmen".
Die Einstellung gegenüber dem Schicksal reicht
– von völliger Ergebung (Fatalismus) über den
– Glauben an seine Überwindbarkeit (nimmer sich
beugen/kräftig sich zeigen/rufet die Arme/der Gott-
heit herbei – Goethe) bis zur
– völligen Willensfreiheit des Individuums (Voluntaris-
mus)."

Die einzige "höhere Macht", die ich mir vorstellen
kann, sind die wirkenden Naturgesetze, die das Leben
einer Person entscheidend beeinflussen. Am ehesten
kann ich mich mit der Aussage „Das Schicksal nahm
seinen Lauf" identifizieren, weil ich wirklich glaube,
dass "Irgendetwas" (Evolution, Weltprozess, Zivilisation...) seinen Lauf nimmt, ohne dass wir irgendwie eingreifen könnten (wir haben m.E. nur im allerkleinsten
Umfeld unserer Lebenswelt einen kleinen Einfluss auf
diesen Lauf der Dinge). Im Großen und Ganzen läuft
dieser komplexe dynamische Prozess aber unausweichlich und festgelegt ab.

Wichtig und entscheidend in diesem Zusammenhang
ist die zweite Vermutung aus meinem Eingangsbeitrag
in diesem Thread:
"Die Evolution dieser komplexen dynamischen Le-
benswelt beruht auf keinem Plan und keiner Absicht,
hat keinen übergeordneten Zweck und kein endgülti-
ges Ziel. Sie hat keine tiefere Bedeutung und keinen
höheren Sinn."

Beitrag gepostet: Fr, 31.1.2014, 19:33

stine hat geschrieben:
> Würdest du deinem Glück nachhelfen wollen oder
> lieber warten, bis es dich erreicht?

... kommt auf die konkrete Situation an – manchmal helfe ich nach, manchmal erreicht es mich.

> Beispiel: Du begegnest deiner Traumfrau/-mann.
> Wovon machst du es abhängig, ob du sie/ihn an
> sprichst?

... ob meine Frau in der Nähe ist oder nicht ;-)

> Würdest du deinen Chef aktiv ansprechen, wie es
> mit der nächsten Lohnerhöhung aussieht? Oder
> warten, bis sie tariflich vorherbestimmt eintritt?

... ich habe zum Glück keinen Chef.

> Schon die hypothetische Fähigkeit, seine Entschei-
> dung treffen zu können, spricht für den Kompatibi-
> lismus.

... ja – aber (determinierte?) Entscheidungen treffen auch Inkompatibilisten.

>> Ja, natürlich können äußere Einflussfaktoren die
>> Willensfreiheit und/oder Handlungsfreiheit erhö-
>> hen. Das zweifle ich ja nicht an. Auf was ich hinaus
>> wollte, ist, dass diese unzähligen inneren und äu-
>> ßeren Einflussfaktoren im Rahmen des gesamten
>> Lebensprozesses determiniert sind. Aber *Vollbreit*,
>> der sehr entspannt mit dem Determinismus um
>> geht, hat mich schon überzeugt, dass Determi-
>> nismus und Freiheit einander nicht ausschließen.
>> Ich muss mich nur noch an diesen Gedanken
>> gewöhnen...
>
> Ja bitte, gewöhn dich dran! :-)

... ich bemühe mich ja ;-)

Beitrag gepostet: So, 2.2.2014, 21:38

stine hat geschrieben:
>>> Würdest du deinem Glück nachhelfen wollen
>>> oder lieber warten, bis es dich erreicht?
>>
>> ... kommt auf die konkrete Situation an – manch-
>> mal helfe ich nach, manchmal erreicht es mich.
>
> Manchmal hilfst du nach? Wie kommts? *hust*

Wie meinst Du das?
Nachdem ich nie bestritten habe, dass ich einen Willen
habe, verstehe ich Deine Frage nicht ganz.

Nur weil ich Determinist bin, liege ich ja nicht zwangs-
läufig passiv, depressiv und unglücklich in der Ecke,
sondern versuche, mein Leben so glücklich wie möglich zu gestalten. Dieser Gestaltungswille ist aber von
unzähligen Einflussfaktoren abhängig und auf vielfältige Weise determiniert. Aber es ist _mein_ ganz indivi-
dueller Wille, der sich da verwirklicht. So verstehe ich
jedenfalls (bis jetzt) den Kompatibilismus. Die Welt
kann vollständig und unausweichlich determiniert sein
und ich kann trotzdem (bedingt) frei denken, entscheiden und handeln – wie ich eben will.

Beitrag gepostet: So, 2.2.2014, 22:23

ujmp hat geschrieben:
>> Die Welt kann vollständig und unausweichlich de-
>> terminiert sein und ich kann trotzdem (bedingt)
>> frei denken, entscheiden und handeln – wie ich
>> eben will.
>
> Nein, du kannst nicht, du musst! ;-)

Wenn ich nicht will, muss ich gar nichts ;-)

Beitrag gepostet: Mo, 3.2.2014, 20:54

stine hat geschrieben:
> Außerdem verstehe ich nicht, warum die determini-
> stische Kausalkette besser sein soll, als das göttli-
> che Schicksal?

Was meinst Du, wo der Unterschied zwischen den bei-
den Konzepten/Annahmen liegt?
Oder anders gefragt: Was könnte am göttlichen
Schicksal gut/besser sein?

Beitrag gepostet: Do, 13.2.2014, 11:22

stine hat geschrieben:
> Was um alles in der Welt ist der "harte atheistische
> Determinismus" besser, als das von den Gläubigen
> hingenommene "Schicksal" unter Gottes Hand?

Er passt m.E. besser in ein naturalistisches Weltbild,
wo ja angenommen wird, dass es in der Natur mit
rechten Dingen zugeht. Ein "Schicksal unter Gottes
Hand" scheint es unter dieser Annahme nicht zu geben.

> Wenn ich gläubig bin, darf ich meinen Gott noch
> bitten mir zu helfen und hoffen, dass er mich ernst
> nimmt, wenn ich Atheist bin hänge ich in der
> deterministischen Falle und laufe geradewegs in
> meine mir bestimmte, aber dennoch unbekannte
> Zukunft, ohne daran etwas ändern zu können, oder
> was?

Ich sehe den "harten atheistischen Determinismus"
nicht so negativ und würde auch nicht von einer Falle
reden, in der wir gefangen sind. Wenn du dein Leben
ändern willst, dann wirst du es im Rahmen deiner

Möglichkeiten <u>tun</u>, wenn Du es kannst. Der Determinismus besagt ja nur, dass dieser innere oder äußere
Impuls dazu schon festgelegt war und nicht vom
Himmel fiel. Selbstverständlich kann jeder sich und/
oder die Welt um sich herum ändern – wir tun das
ständig bewusst und unbewusst. Rückblickend gesehen ist dieser Lauf der Dinge aber immer unausweichlich festgelegt gewesen – und deswegen ist folgerichtig die <u>für uns</u> unbekannte Zukunft auch unausweichlich festgelegt.

> Also ehrlich Leute, da wäre mir mein Schicksal in
> Gottes Hand, das ich notfalls noch beeinflussen
> kann immer noch lieber.

Vielleicht kannst Du an ein "Schicksal in Gottes Hand"
glauben – ich kann das jedenfalls nicht. Deswegen
glaube ich eher an einen physikalischen Determinismus ohne "übernatürliche Hände", die das Lebensspiel
beeinflussen könnten. Trotzdem habe ich die (kompa-
tibilistisch definierte) Freiheit, mein Leben zu beeinflussen – das habe ich im Verlauf dieses Threads gelernt und mir erst richtig bewusst gemacht ;-)

Beitrag gepostet: Fr, 14.2.2014, 19:30

stine hat geschrieben:
> Der gestrenge Inkompatibilist ist ein atheistischer
> Determinist, der kein Entrinnen aus einer Kausalket-
> te sieht.
> Der gestrenge Gläubige ist einer, der an Gottes Len-
> kung glaubt und kein Entrinnen aus seinem Schick-
> sal sieht.
> Also gleiche Machtlosigkeit auf beiden Seiten, mit
> oder ohne Gott.

Ja, ich denke wirklich, dass wir unzähligen vernetzten
(autonomen) Kausalketten und Naturgesetzen macht-
los ausgeliefert sind. Jeder noch so unbedeutende

Moment im Leben wird bestimmt durch unzählige in-nere (Gehirn/Körper) und äußere (Umwelt, in der wir agieren) Einflussfaktoren. Wir reagieren auf einige davon bewusst – der große Rest läuft unbewusst und automatisch ab. Wenn wir bewusst reagieren, kommt die (bedingte) Freiheit ins Spiel und wir können denken, entscheiden und handeln, wir wir eben gerade wollen. Das ändert aber nichts an unserer Machtlosigkeit gegenüber den vielen Einflussfaktoren, die auf uns einwirken. Wir spüren mE diese unzähligen Einflussfaktoren aber meist nicht als unangenehmen Zwang, sondern oft als angenehme Anregung/Inspiration/ Überraschung. Kommunikation, Sprachspiele und die vielfältige Interaktion zwischen Menschen sind nur wenige Beispiele dafür, dass dieser unausweichlich festgelegte Lebensprozess interessant und spannend sein kann. Und manchmal macht er – zumindest mir – auch einfach nur Spaß :-)

> Ich habe das nur deswegen erläutern wollen, weil
> viele Atheisten sich weigern einem Gott den Ablauf
> der Welt zuzugestehen, sich aber andererseits wohl
> offensichtlich trotzdem gerne in ihrem Determinis-
> mus zurückziehen. Ich sehe keinen Unterschied dar-
> in, ob ein Gott mein Schicksal bestimmt oder die
> Natur.

Die Frage lautet ja, welche Variante einfacher, plausibler und eleganter erscheint: Bestimmt ein (gutmütiger?) Gott, von dem nichts bekannt ist (außer das, was in einem alten Buch steht) und an den man glauben muss, unseren Lebensweg oder "nur" die abstrakte, wertfreie und komplexe Natur, die prinzipiell versteh- und erforschbar ist. Ich sehe da sehr wohl einen großen Unterschied. Ich ziehe mich auch nicht gerne in den Determinismus zurück, sondern mich interessiert ganz wertfrei, wie die Lebenswelt wirklich funktioniert – ob mir das nun passt oder nicht. Religiöser Glaube ist dabei für mich persönlich keine Hilfe, keine überzeugende Erklärung und auch kein Trost.

> Da muss niemand aus der Religion flüchten, wenn
> auf ihn nichts anderes warten sollte, als ein deter-
> miniertes Naturereignis.

Das Universum und das Leben darin ist für mich ein
determiniertes Naturereignis. Und zwar ein erstaunli-
ches, faszinierendes und spannendes – und was die
menschliche Existenz betrifft – ein einmaliges, seltsa-
mes und absurdes Ereignis – gerade was unsere Freiheit im bewussten Denken, Entscheiden und Handeln
in diesem festgelegten Prozess betrifft!

> Der Kompatibilist ist ein Atheist, der wohl den Ab-
> lauf der Natur anerkennt, aber seinen Urlaub selber
> planen kann, Dank seines Wissens um sein bewuss-
> tes Handeln können.
> Der Gläubige schlechthin ist einer, der zwar an Got-
> tes Führung glaubt, aber Dank seines Wissens um
> seinen freien Willen, den Gott ihm zugestanden hat,
> seinen Sonntag planen kann, wie er möchte.
> Also gleiches Bewusstsein den eigenen Willen be-
> treffend, mit oder ohne Gott. Auch hier sehe ich kei-
> nen Unterschied darin, ob Gott mir meinen freien
> Willen zugesteht oder ob meine Denkprozesse und
> Handlungsfreiheit innerhalb einer funktionierenden
> Natur frei sind.

Für mich besteht der Unterschied, wie oben beschrieben, darin, dass die göttliche Instanz nur ein "Zusatz"
ist, der in einer funktionierenden Natur nicht notwendig ist. Es macht die Sache nur problematisch und
kompliziert.

> Es geht mir darum, dass sich der gleichmütige Reli-
> giöse freier fühlen kann, als der atheistische
> Determinist, sich also fragen wird, warum sollte es
> mir als Atheist besser gehen? Lediglich dem ge-
> strengen Religiösen könnte man mit dem Wechsel
> zum atheistischen Kompatibilismus noch einen

> Gefallen tun.

Wie gesagt, es geht m.E. primär um die Frage, welche Variante einfacher, plausibler und eleganter erscheint und nicht um die Frage, wer "freier" ist oder wem es "besser" dabei geht. *"Die Wahrheit ist dem Menschen zumutbar"*, hat *Ingeborg Bachmann* einmal gesagt...

Beitrag gepostet: Sa, 15.2.2014, 17:31

stine hat geschrieben:
>> Für mich besteht der Unterschied, wie oben be-
>> schrieben, darin, dass die göttliche Instanz nur ein
>> "Zusatz" ist, der in einer funktionierenden Natur
>> nicht notwendig ist. Es macht die Sache nur
>> problematisch und kompliziert.
>
> Und hier ist aber die Frage an die Deterministen:
> Wieso konnte so eine Gottesgschichte so lange die
> Menschen leiten und wieso ist sie bis heute nicht
> aus der Welt?

Weil die naturwissenschaftliche Aufklärung/Bildung noch nicht überall wirkt und jeden erreicht hat? Weil die Macht und der Einfluss der einzelnen Religionen weltweit gesehen noch immer sehr groß ist? Weil viele Menschen nach wie vor einen höheren Sinn, überna- türliche Hilfe und Trost in existentiellen Krisenzeiten brauchen? Es gibt sicher viele Gründe und Faktoren, die Deine interessante Frage beantworten könnten. Ich bin da wahrscheinlich nicht der richtige Ansprechpart- ner, weil ich zu wenig über Religionen und deren Ent- stehung/Geschichte weiß.

> Auch die kulturellen Errungenschaften sind determi-
> niert, wenn alles determiniert ist. Was ist also das
> Geheimnis dahinter, dass der Mensch sich einen
> Gott schuf? Offensichtlich ist er Teil der Kausalkette.
> Wenn schon, denn schon – würd ich sagen.

Ja, ich gebe Dir völlig Recht. Die Erschaffung Gottes und alle kulturellen Errungenschaften sind m.E. Teil des kausal determinierten Entstehungs- und Entwicklungsprozesses bzw. der Menschheitsgeschichte und deshalb auch wahrscheinlich notwendig und festgelegt. Es steckt meiner Ansicht nach aber kein Geheimnis dahinter, dass sich der Mensch einen Gott schuf. Es gibt da sicher schon viele wissenschaftliche Theorien und Hypothesen darüber. Wie gesagt, habe ich mich da noch nicht eingelesen und kenne daher diese Theorien/Hypothesen nicht.

Beitrag gepostet: So, 16.2.2014, 19:32

stine hat geschrieben:
> Warum sollte eine absichtslose Natur solches
> Bewusstsein determinieren, das sich an etwas fest-
> macht um es anschließend wieder abzuschaffen?

Wir haben erst seit mehreren hundert Jahren die wissenschaftliche Methode (Beobachtung, Experiment, Theoriebildung und –falsifikation) zur Verfügung, um nach besseren Erklärungen zu suchen als sie Mythen und Religionen seit Jahrtausenden gegeben haben. Diese wissenschaftliche Methodik war/ist erfolgreich in dem Sinne, dass wir sehr viel Wissen anhäufen, das theoretisch und praktisch verwertbar ist. Dies hat zur Folge, dass frühere "Erkenntnisse" aus Mythen und Religionen systematisch widerlegt wurden (zB Schöpfungsgeschichten).

Das nur als Einleitung zu meiner Vermutung, dass dieser determinierte Erkenntnisprozess des neugierigen und phantasiebegabten Menschen eine nachvollziehbare Struktur hat. Der Mensch mit (Selbst-) Bewusstsein sucht seit jeher nach einer Erklärung der natürlichen Phänomene, die ihn umgeben. Dafür musste lange Zeit eine oder mehrere Gottheit(en) und alle möglichen "Geschichten" herhalten, die man sich zunächst nur (weiter-)erzählt und irgendwann auch niedergeschrieben hat.

Warum sollte es nicht möglich sein, dass eine absichtslose Natur Bewusstsein determiniert, das sich von einem geringen vagen Erkenntnisstand zu einem höheren exakteren Erkenntnisstand entwickelt?

Dazu kommt m.E. noch eine psychologische Komponente/Beobachtung im Verlauf eines individuellen Menschenlebens: Kinder glauben in einem bestimmten Alter an alles Mögliche (Feen, Zauberkräfte, Einhörner, Osterhase, Weihnachtsmann/Christkind usw.), das sie mit der Zeit alles ablegen, weil sie aufgeklärter werden und ein sehr genaues "Gefühl" dafür bekommen, was real sein kann und was nicht. Eine solche "magische Phase" hat m.E. die Menschheit auch durchgemacht bzw. macht sie in großen Teilen der Welt noch immer durch. Eltern sagen ihren Kindern was richtig/falsch und was gut/böse ist, Eltern helfen/trösten ihre Kinder. Dieses "Elternmodell" wird m.E. von Erwachsenen in einen Gott projiziert.

Ein reifer/aufgeklärter Mensch kann m.E. nur mehr sehr schwer an magische/übernatürliche Dinge glauben – wenn er es trotzdem privat tut, ist es natürlich zu respektieren/tolerieren. Die Suche nach einem Gott und das Aufgeben dieser Suche ist also in der Evolution des Bewusstseins kausal angelegt und "vorprogrammiert".

Beitrag gepostet: Mo, 15.9.2014, 19:00

Vollbreit hat geschrieben:
> *Dr Fraggles hat geschrieben:*
>> Dass du völlig determiniert bist, irritiert dich nicht?
>> Solange du im Lebensfluss bist, d.h. deine deter-
>> minierte Willensbildungspraxis nicht reflektierst,
>> mag das nachvollziehbar sein.
>
> Damit unterstellst Du mir – wie im Folgenden noch
> öfter –, dass ich vollkommen unreflektiert durchs
> Leben gehe, was ich nicht so empfinde.

Ich nehme an, dass *Dr Fraggles* natürlich nicht meint,
dass du vollkommen unreflektiert durchs Leben gehst
(ich denke eher das Gegenteil von dir) – sondern er
meint, soweit ich das verstehe, dass du den Determinismus vielleicht nicht zu Ende denkst. Wer das macht,
ist eben irritiert. Ich kann das gut nachvollziehen, weil
ich schon viel darüber nachgedacht habe.

Der springende Punkt ist der, dass, wenn (fast) alles
determiniert ist, Nachdenken, Inne-halten und Reflektieren vor dem Entscheiden auch sehr wahrscheinlich
determiniert sind, weil es Gründe/Ursachen geben
muss, die zu solchen kognitiven Tätigkeiten führen.
Diese Gründe/Ursachen sind uns zu einem kleinen Teil
bewusst – der große Rest läuft unbewusst ab und ist
uns meist nicht zugänglich. Diese bewussten Teile
sind der Grund, warum wir meinen, dass wir frei entscheiden können – und das auch ständig im Alltag
tun. So wie ich z.B. hier ganz bewusst und frei einen
Beitrag schreibe. Aber die wirklichen Gründe/Ursachen
für dieses Schreiben verlieren sich im Dunkeln der
Vergangenheit, sobald ich anfange darüber nachzudenken. Das meint Dr Fraggles wahrscheinlich mit Lebensfluss bzw. Willensbildungspraxis. Wir leben meistens unreflektiert dahin, wollen dies oder das, entscheiden und handeln wie wir eben wollen. Das funk-

tioniert auch soweit ganz gut im Alltag. Sobald man aber anfängt, diesen Lebensfluss zu reflektieren und die These untersucht, wie es wäre, wenn alles determiniert ist, dann schlittert man unweigerlich in eine existentielle Irritation, weil Selbstverständlichkeiten wie Freiheit und Verantwortung plötzlich hinterfragt werden.

Ich kann das, wie gesagt, gut nachvollziehen und verstehen. Trotzdem neige ich zum Kompatibilismus, weil er lebenspraktischer ist – nicht unbedingt deshalb, weil er mich theoretisch/philosophisch überzeugt.

Beitrag gepostet: Mo, 15.9.2014, 19:00

Vollbreit hat geschrieben:
>> Trotzdem neige ich zum Kompatibilismus, weil er
>> lebenspraktischer ist – nicht unbedingt deshalb,
>> weil er mich theoretisch/philosophisch überzeugt.
>
> Dann musst Du den Thread noch mal durcharbei-
> ten. ;-)

Naja, ich war/bin ein sehr aufmerksamer Leser und habe, denk ich, alle Beiträge gelesen – ob ich auch alles verstanden habe, ist eine andere Sache ;-)
Ich bleibe jedenfalls weiterhin harter atheistischer Determinist – habe aber nun vom Begriff Freiheit eine differenziertere Ansicht und werde auch weiterhin über dieses (für mich) spannende Thema nachdenken...

PS: Da das Forum leider bald schließt, möchte ich mich als Threaderöffner bei dieser Gelegenheit bei allen Teilnehmern für die rege und interessante Diskussion bedanken – es hat alle meine Erwartungen übertroffen und ich habe sehr viel gelernt dabei :-)

Beitrag gepostet: Mi, 17.9.2014, 11:49

Vollbreit hat geschrieben:
> Wenn wir willenlose Automaten sind, lediglich unfä-
> hig den Grad ihrer Willenlosigkeit zu reflektieren
> oder psychisch zu ertragen und in einer fatalisti-
> schen Weise, ohne jede Einflussmöglichkeit auf die
> Welt, die eigene Psyche, andere Personen, wie Du es
> annimmst, leben, dann ist doch Dein Engagement
> vollkommen sinnlos. Ich könnte ja nicht mal anders,
> selbst wenn ich wollte. Du allerdings auch nicht in-
> sofern wärst Du gezwungen immer wieder anzuren-
> nen und Dich zu ärgern.
> Ansonsten wäre Dein Ärger auch so zu deuten, dass
> Du davon ausgehst, dass Menschen doch zu über-
> zeugen sind und sich im Kontakt mit geeignet Ar-
> gumenten freiwillig umentscheiden können.

Auch wenn der Beitrag nicht an mich gerichtet ist, will
ich kurz darauf antworten:

Diese Einsicht bzw. dieses Argument gehört für mich
zu den seltsamen Paradoxa bei den Überlegungen
zum *harten Determinismus.* Der, der ihn vertritt ist
ebenso festgelegt wie der, mit dem man diskutiert.
Engagement in der Diskussion und Ärger wären somit
sinnlos, wie du richtig schreibst, weil keiner aus seiner
Haut heraus kann. Der Determinismus ist für mich
keine falsifizierbare Theorie, sondern eine "metaphysische Erkenntnis", an die man glauben kann – oder
auch nicht. Es deuten – rational betrachtet – zwar viele
Fakten darauf hin, dass wir in einer komplexen dynamischen Welt leben, die vollkommen kausal geordnet
und (zum Großteil) unausweichlich festgelegt ist, aber
aus dieser Einsicht folgt <u>nichts</u>. Es ist völlig unerheb-
lich für den Fortgang dieser festgelegten Welt, ob man
den Determinismus dahinter erkennt oder nicht. Es ist
sinnlos, sich dafür zu engagieren und andere davon zu
überzeugen oder sich zu ärgern, wenn jemand nicht
daran glaubt.

129

Wir sind, denke ich, vielleicht wirklich komplexe "Bio-automaten" in einer komplexen Umwelt, die sich dynamisch unvorhersehbar verändern/verändert. Wir haben offensichtlich einen Willen, den wir erkennen können und der uns antreibt – in welche Richtung auch immer – darauf haben wir keinen Einfluss. Ich kann nicht nicht wollen. Wenn ich etwas will, dann tue ich es, wenn ich kann. Wenn ich etwas nicht will, dann tue ich es nicht, soweit das geht. Von Freiheit in diesem Szenario zu reden hat nur insofern einen Sinn, dass wir unterscheiden können zwischen Denk-, Entscheidungs- und Handlungsfreiheit. Denk- und Entscheidungsfreiheit sind bedingt durch unzählige innere und äußere Einflussfaktoren. Handlungsfreiheit ist schön, wenn man sie hat, aber auch sie ist festgelegt und eingeschränkt durch unzählige Faktoren, auf die man meist keinen Einfluss hat.

Dank

Eine der Eigenheiten von Internetforen ist, dass man darin anonym schreiben kann. Bedanken möchte ich mich deshalb bei den realen Menschen, die hinter folgenden Pseudonymen stehen, deren richtige Namen ich nicht kenne: *Vollbreit, Darth Nefarius, ujmp, Dissidenkt, fopa, AgentProvocateur, stine, Nanna, ganimed, Lumen* und *Dr Fraggles.* Sie alle haben mich mit ihren klugen Antworten auf meine geposteten Beiträge animiert und angeregt, weiter zu denken und zu schreiben, sodass eine abwechslungsreiche und interessante Diskussion über Wochen und Monate entstehen konnte.